FONTES DA PEDAGOGIA SOCIAL

Editora Appris Ltda.
1.ª Edição - Copyright© 2025 dos autores
Direitos de Edição Reservados à Editora Appris Ltda.

Nenhuma parte desta obra poderá ser utilizada indevidamente, sem estar de acordo com a Lei nº 9.610/98. Se incorreções forem encontradas, serão de exclusiva responsabilidade de seus organizadores. Foi realizado o Depósito Legal na Fundação Biblioteca Nacional, de acordo com as Leis nos 10.994, de 14/12/2004, e 12.192, de 14/01/2010.

Catalogação na Fonte
Elaborado por: Dayanne Leal Souza
Bibliotecária CRB 9/2162

F683f 2025	Fontes da pedagogia social / Karine Santos, Marilene Alves Lemes, Levi Nauter de Mira, Roberta Soares da Rosa (orgs.). – 1. ed. – Curitiba: Appris, 2025. 227 p. ; 23 cm. – (Coleção Educação, Tecnologias e Transdisciplinaridades). Vários autores. Inclui referências. ISBN 978-65-250-7200-5 1. Educação. 2. Pedagogia. 3. Pedagogia social. 4. Educação social. 5. História da educação. I. Santos, Karine. II. Lemes, Marilene Alves. III. Mira, Levi Nauter de. IV. Rosa, Roberta Soares da. V. Título. VI. Série. CDD – 371.3

Livro de acordo com a normalização técnica da ABNT

Appris editorial

Editora e Livraria Appris Ltda.
Av. Manoel Ribas, 2265 – Mercês
Curitiba/PR – CEP: 80810-002
Tel. (41) 3156 - 4731
www.editoraappris.com.br

Printed in Brazil
Impresso no Brasil

Karine Santos
Marilene Alves Lemes
Levi Nauter de Mira
Roberta Soares da Rosa
(org.)

FONTES DA PEDAGOGIA SOCIAL

Appris
editora

Curitiba, PR
2025

FICHA TÉCNICA

EDITORIAL	Augusto Coelho
	Sara C. de Andrade Coelho

COMITÊ EDITORIAL E CONSULTORIAS:
- Ana El Achkar (Universo/RJ)
- Andréa Barbosa Gouveia (UFPR)
- Antonio Evangelista de Souza Netto (PUC-SP)
- Belinda Cunha (UFPB)
- Délton Winter de Carvalho (FMP)
- Edson da Silva (UFVJM)
- Eliete Correia dos Santos (UEPB)
- Erineu Foerste (Ufes)
- Fabiano Santos (UERJ-IESP)
- Francinete Fernandes de Sousa (UEPB)
- Francisco Carlos Duarte (PUCPR)
- Francisco de Assis (Fiam-Faam-SP-Brasil)
- Gláucia Figueiredo (UNIPAMPA/ UDELAR)
- Jacques de Lima Ferreira (UNOESC)
- Jean Carlos Gonçalves (UFPR)
- José Wálter Nunes (UnB)
- Junia de Vilhena (PUC-RIO)
- Lucas Mesquita (UNILA)
- Márcia Gonçalves (Unitau)
- Maria Margarida de Andrade (Umack)
- Marilda A. Behrens (PUCPR)
- Marília Andrade Torales Campos (UFPR)
- Marli C. de Andrade
- Patrícia L. Torres (PUCPR)
- Paula Costa Mosca Macedo (UNIFESP)
- Ramon Blanco (UNILA)
- Roberta Ecleide Kelly (NEPE)
- Roque Ismael da Costa Güllich (UFFS)
- Sergio Gomes (UFRJ)
- Tiago Gagliano Pinto Alberto (PUCPR)
- Toni Reis (UP)
- Valdomiro de Oliveira (UFPR)

SUPERVISORA EDITORIAL	Renata C. Lopes
PRODUÇÃO EDITORIAL	Adrielli de Almeida
REVISÃO	José Bernardo
DIAGRAMAÇÃO	Andrezza Libel
CAPA	Mariana Brito
REVISÃO DE PROVA	Daniela Nazario

COMITÊ CIENTÍFICO DA COLEÇÃO EDUCAÇÃO, TECNOLOGIAS E TRANSDISCIPLINARIDADE

DIREÇÃO CIENTÍFICA	Dr.ª Marilda A. Behrens (PUCPR)	Dr.ª Patrícia L. Torres (PUCPR)
CONSULTORES	Dr.ª Ademilde Silveira Sartori (Udesc)	Dr.ª Iara Cordeiro de Melo Franco (PUC Minas)
	Dr. Ángel H. Facundo (Univ. Externado de Colômbia)	Dr. João Augusto Mattar Neto (PUC-SP)
	Dr.ª Ariana Maria de Almeida Matos Cosme (Universidade do Porto/Portugal)	Dr. José Manuel Moran Costas (Universidade Anhembi Morumbi)
	Dr. Artieres Estevão Romeiro (Universidade Técnica Particular de Loja-Equador)	Dr.ª Lúcia Amante (Univ. Aberta-Portugal)
	Dr. Bento Duarte da Silva (Universidade do Minho/Portugal)	Dr.ª Lucia Maria Martins Giraffa (PUCRS)
	Dr. Claudio Rama (Univ. de la Empresa-Uruguai)	Dr. Marco Antonio da Silva (Uerj)
	Dr.ª Cristiane de Oliveira Busato Smith (Arizona State University /EUA)	Dr.ª Maria Altina da Silva Ramos (Universidade do Minho-Portugal)
	Dr.ª Dulce Márcia Cruz (Ufsc)	Dr.ª Maria Joana Mader Joaquim (HC-UFPR)
	Dr.ª Edméa Santos (Uerj)	Dr. Reginaldo Rodrigues da Costa (PUCPR)
	Dr.ª Eliane Schlemmer (Unisinos)	Dr. Ricardo Antunes de Sá (UFPR)
	Dr.ª Ercilia Maria Angeli Teixeira de Paula (UEM)	Dr.ª Romilda Teodora Ens (PUCPR)
	Dr.ª Evelise Maria Labatut Portilho (PUCPR)	Dr. Rui Trindade (Univ. do Porto-Portugal)
	Dr.ª Evelyn de Almeida Orlando (PUCPR)	Dr.ª Sonia Ana Charchut Leszczynski (UTFPR)
	Dr. Francisco Antonio Pereira Fialho (Ufsc)	Dr.ª Vani Moreira Kenski (USP)
	Dr.ª Fabiane Oliveira (PUCPR)	

Aos que vieram antes de nós, que fizeram caminho para que, hoje, educadoras/es sociais pudessem reconhecer a sua área de atuação e a ciência por trás dela.

COORDENAÇÃO TÉCNICO-PEDAGÓGICA	Karine Santos
	Marilene Alves Lemes
PROJETO GRÁFICO DE CAPA	Thayná de Moraes Ramos
PROJETO DAS ILUSTRAÇÕES	Thayná de Moraes Ramos
BOLSISTAS ENVOLVIDOS	Ana Luisa Dias Oliveira
	Henrique Luis Engel
	Luísa de Vargas Fellin
	Maria Luiza Oliveira Gonçalves
	Matheus Azevedo Cirino
	Maurício Clips Cunha
	Melissa Lemos de Matos
	Morghana Iantra Garavello Vasconcelos
	Vitória Rabello Lopes

APRESENTAÇÃO

Fontes da Pedagogia Social é um projeto tecido a várias mãos. Mãos que unem corpos e mentes com o objetivo de (re)conhecer os precursores e as precursoras da Pedagogia Social/Educação Social no mundo. O projeto teve origem na ocasião em que educadores(as) sociais, estudantes de pós-graduação, encontraram-se na universidade estudando suas próprias práticas e interessando-se pelos estudos comuns da Educação Social. Nasce o Coletivo de Educação Popular e Pedagogia Social (Cepopes). O ano era 2015, num entardecer de primavera, rodeados de livros e textos recém chegados da Espanha e desejantes por (re)conhecimento da sua produção intelectual. Seis educadores(as)/estudantes/pesquisadores(as) iniciam uma caminhada que segue caminhante, agregando gente com interesses em comum. Identificados(as) como "práticos-pesquisadores e pesquisadores-práticos", alinham-se ao exercício freiriano de promover a ação-reflexão-ação de maneira permanente. Um grupo que foge à tradição acadêmica da produção intelectual, vinculando trabalhadores(as) como pesquisadores(as), cujo resultado de suas pesquisas retorna imediatamente aos seus espaços de trabalho.

O Cepopes, hoje constituído por dezenas de pessoas, foi tecendo a pesquisa Fontes da Pedagogia Social no tempo do entremeio de tantas outras ações que desenvolveu até aqui. Pesquisa alimentada ao longo de quase oito anos, estruturando-se com interesse em encontrar as raízes do pensamento crítico ao longo da história da conformação da Pedagogia Social no mundo. Uma pesquisa financiada com o esforço humano de cada um/a que contribuiu com a escolha dos/as autores/as, com o estudo comprometido, com muita leitura, com a participação nos momentos de partilha, na sistematização dos dados, na produção de mapas e no seminário de validação dos resultados.

A Pesquisa de Fontes da Pedagogia Social iniciou com a identificação de pensadores(as) que consideramos precursores(as) no uso da expressão, na criação do conceito, na estruturação prática/metodológica e na sistematização de experiências. Entre os mais de 20 autores(as) encontrados, selecionamos aqueles(as) que demonstravam maior dedicação em suas obras ao tema, sobretudo por terem feito uso da expressão Pedagogia Social ou Educação Social e já falecidos. Depois, buscamos relacionar quais autores(as) influenciaram a construção das concepções de Pedagogia Social e Educação Social, uma vez que percebemos que as duas expressões ora se distinguiam, ora eram tratadas como sinônimos. E, por fim, entrecruzamos suas andanças para tentar encontrar as influências teóricas que poderiam ter efeito sobre suas definições de Pedagogia Social/Educação Social, com dados sistematizados pela **Gabrieli Oliveira**, que resultaram na construção de um mapa, elaborado primorosamente pela **Thayná de Moraes Ramos**.

A estruturação da pesquisa contou com a apreciação atenta do **Prof. Dr. Danilo Streck (UCS)**, que, pela sua experiência e relação com o Cepopes, contribuiu muito para a qualificação dos processos.

Foram escolhidos 12 pensadores(as) para dedicarmos o estudo. Em seguida, passamos à identificação de quais pessoas fariam o estudo de cada autor(a). Com a concentração de autores europeus do século XVIII, sobretudo da Alemanha, encontramos poucas traduções do alemão para outras línguas. Logo precisamos de pessoas com conhecimento na língua alemã para estudar e produzir os textos. Nessa etapa, o bolsista **Henrique Luis Engel** foi fundamental.

Pequenos seminários foram sendo feitos com o objetivo de qualificar os resultados. Assim, podíamos conhecer todos os(as) autores(as) e perceber quais as relações entre eles(as), além de qualificar o conteúdo e a forma. Durante o tratamento dos dados, algumas questões foram sendo evidenciadas: Com a predominância de pensadores europeus, havia Pedagogia Social em outros continentes? Seria possível identificar fontes da Pedagogia Social na América Latina? Sobre a questão de gênero na produção acadêmica, quem eram as mulheres fonte da Pedagogia Social? E os(as) práticos(as), como sistematizam suas experiências e como encontrá-los(as)?

Entre as tentativas de responder a todas as questões que eram levantadas, culminamos essa etapa de estudos com um seminário interno que contou com comentadores(as) especialmente convidados para esse momento. Cada comentador(a) recebeu um volume de textos sobre os quais, após as apresentações, teciam suas percepções. Foram fundamentais nessa etapa as participações do **Prof. Dr. Maurício Perondi (UFRGS)**, da **Prof.ª Dr.ª Suzete Terezinha Orzechowski (Unicentro)**, e do **Prof. Dr. Alexandre Magno Tavares da Silva (UFPB)**. O seminário resultou no amadurecimento das escritas.

Uma segunda etapa da pesquisa já está em curso. Novas abordagens no estudo de Fontes da Pedagogia Social/Educação Social serão reveladas.

Porto Alegre, primavera de 2024.
As organizadoras e o organizador

PREFÁCIO

El conocimiento transformador tiende a mirar hacia el futuro. Sin embargo, pensar el futuro sin mirar críticamente el pasado nos hace correr el riesgo de llover sobre mojado o de inventar el agua tibia. En este sentido, para transformar hay que conocer y reconocer los aportes de nuestros antepasados. El libro que tienes en tus manos es, precisamente, el resultado mirar con seso y afecto la obra de 12 precursores y referentes importantes de la Pedagogía social en el mundo. Se trata de una docena de ensayos biográficos de las producciones académicas esos pensadores. La finalidad de estos escritos es doble. Por un lado, identificar a los autores que dieron origen a la Pedagogía social, por otro, dar a conocer sus obras y, en algunos casos, profundizar en alguna de ellas. Aclaro que no se trata de aproximaciones meramente informativas, sino de esfuerzos intelectuales por dejar claros los aportes fundamentales de esos pensadores en la construcción teórica de la disciplina y cómo sus trabajos coadyuvaron en el fortalecimiento de la práctica socioeducativa.

La actualidad que nos ha tocado vivir está muy lejos de ser anodina. El nuestro es un tiempo de retos sociales que no interpelan a esta o aquella persona, sino a la humanidad toda. Estos retos nos obligan a reconocer la necesidad de contar con un nuevo contrato social donde la educación tiene un papel medular. En 2021, la UNESCO publicó el informe "Reimaginar juntos nuestros futuros. Un nuevo contrato social para la educación". El alarmante punto de partida del informe es que los humanos y el planeta que habitan están amenazados, básicamente por las acciones irreflexivas de los primeros. Las desigualdades sociales y económicas, el cambio climático, la pérdida de biodiversidad, el uso de los recursos que sobrepasa los límites planetarios, el retroceso de los sistemas políticos democráticos y las tecnologías de automatización se han agravado y, tristemente, caracterizan al mundo actual. Estas crisis socavan los derechos humanos y dañan la vida en la Tierra. A esto se suman los estragos de la pandemia, la cual puso al desnudo nuestra fragilidad y cómo la estabilidad de nuestros mundos depende de nuestras interconexiones. Por ello, es necesario actuar conjuntamente para cambiar el rumbo actual e imaginar futuros distintos. Esto plantea dos retos principales: garantizar el derecho a una educación de calidad para todos y aprovechar plenamente el potencial transformador de la educación para construir un futuro sostenible común.

Según UNESCO, la educación que necesitamos debe guiarse por los principios de cooperación y solidaridad, y alejarse de la exclusión y la competencia individualista que durante décadas han marcado el devenir de la educación tradicional. Debe, además, fomentar la empatía y la compasión para que las personas desarrollen la capacidad de trabajar juntas y de transformarse a sí mismas y al mundo. Ese ha sido, desde hace más de un siglo, el propósito de la pedagogía social. La pedagogía social busca que las relaciones entre los seres humanos les permitan desenvolverse y desarrollarse de manera positiva, integral y participativa (Pérez-Serrano, 2004; Petrus, 1997). Esta disciplina actúa tanto en el ámbito de la necesidad (déficits, problemáticas y vulnerabilidad) como en el de la libertad (crecimiento, desarrollo, progreso y cultura), promoviendo el cultivo de la agencia individual con responsabilidad colectiva (Úcar, 2016).

La Pedagogía social es como un faro que lleva a buen puerto las naves de la comprensión y transformación de las dinámicas sociales. Ese faro no creció solo, como lo hace un árbol. Fue construido por el trabajo denodado de muchas personas, entre ellas, los doce autores cuyo trabajo se menudea en este libro.

Esperamos que los textos que siguen inspiren a los lectores y los anime a explorar más allá de estas fuentes, a cuestionar, a reflexionar y, sobre todo, a contribuir al continuo crecimiento y desarrollo de la pedagogía social. Gracias al CEPOPES por su dedicación y por brindarnos esta valiosa obra que sin duda se convertirá en un referente indispensable para estudiantes, académicos y profesionales interesados en el fascinante mundo de la pedagogía social.

Referências

PÉREZ-SERRANO, Glória. **Pedagogía Social/Educación Social**: construcción científica e intervenciónpráctica. Madrid: Narcea, 2004.

PETRUS, Antônio. (org.). **Pedagogía Social**. Espanha: Ariel, 1997.

ÚCAR, Xavier. **Pedagogías de lo social**. Barcelona: Editorial UOC, 2016.

Puebla, México.
Karla Villaseñor Palma
Docente investigadora del Colegio de Procesos Educativos | FFyL | BUAP
Coordinadora General de la Red Mexicana de Pedagogía Social | REMPES
Consejo Ejecutivo de la Sociedad Iberoamericana de Pedagogía Social | SIPS

SUMÁRIO

INTRODUÇÃO..13

JOHANN HEINRICH PESTALOZZI (1746-1827)
PESTALOZZI E O DESENVOLVIMENTO DA CONSCIÊNCIA EDUCATIVO SOCIAL 21
Mara Lucia Teixeira Brum

SIMÓN RODRÍGUEZ (1771-1854)
SIMÓN RODRÍGUEZ: A EDUCAÇÃO SOCIAL COMO EDUCAÇÃO PÚBLICA UNIVERSAL 39
Telmo Adams
Roberta Soares da Rosa

PAUL GERHARD NATORP (1854-1924)
PAUL NATORP: O PRECURSOR DA EPISTEMOLOGIA DA PEDAGOGIA SOCIAL 57
Érico Ribas Machado
Suzete Terezinha Orzechowski

GERTRUD BÄUMER (1873-1974)
GERTRUD BÄUMER, UMA TRAJETÓRIA DE VIDA......................... 69
Maria Benites

HERMAN NOHL (1879-1960)
HERMAN NOHL E A PEDAGOGIA SOCIAL POLÍTICA E CIENTÍFICA 89
Karine Santos
Henrique Luis Engel

JOSÉ ORTEGA Y GASSET (1883-1955)
JOSÉ ORTEGA Y GASSET: CONTRIBUIÇÕES POLÍTICAS, EDUCATIVAS E SOCIAIS À PEDAGOGIA SOCIAL... 109
Francisco José Del Pozo Serrano
Juliana dos Santos Rocha

RAQUEL CAMAÑA (1983-1915)
RAQUEL CAMAÑA Y LA PEDAGOGÍA SOCIAL, APORTES Y POSIBILIDADES 125
María Raquel Schettini Castro

ANTON SEMIONOVICH MAKARENKO (1888-1939)
ANTON SEMIONOVICH MAKARENKO: RESSIGNIFICAÇÃO DO SUJEITO MEDIANTE PRÁTICAS EDUCATIVAS COLETIVAS 139
Marta de Borba Paulo
Tatiane de Oliveira
Ana Paula Seger

LORENZO LUZURIAGA MEDINA (1889-1959)
LORENZO LUZURIAGA: AS RELAÇÕES DA EDUCAÇÃO SOCIAL, POLÍTICA E SOCIEDADE 151
Marilene Alves Lemes
Orlando de Oliveira Pinheiro
Alex Seixas Eifler

THIAGO MATHEUS WÜRTH (1893-1979)
THIAGO MATHEUS WÜRTH: PIONEIRISMO, FORMAÇÃO E RECONHECIMENTO 169
Santiago Pavani Dias
Marilene Alves Lemes

KLAUS MOLLENHAUER (1928-1998)
KLAUS MOLLENHAUER: A EMANCIPAÇÃO COMO PRINCÍPIO SOCIOPEDAGÓGICO 187
Danilo R. Streck
Valburga Schmiedt Streck

JOSÉ MARÍA QUINTANA CABANAS (1930-2013)
JOSÉ MARÍA QUINTANA CABANAS: A SISTEMATIZAÇÃO DA PEDAGOGIA SOCIAL NA ESPANHA 201
Levi Nauter de Mira

SOBRE AS AUTORAS E OS AUTORES 219

AS AUTORAS E OS AUTORES DAS ENTRELINHAS 225

INTRODUÇÃO

Este libro no solo es una colección de datos biográficos y análisis académicos; es una invitación a explorar los cimientos mismos de la pedagogía social. Al adentrarse en las páginas de cada capítulo, el lector descubrirá ideas innovadoras y el impacto duradero en la práctica educativa y en la comprensión de la intersección entre la educación y la sociedad. A medida que avanzamos en este viaje intelectual, vamos notando, siempre con más claridad, que la pedagogía social es un campo caracterizado por el cambio constante, y el trabajo de estos 12 precursores es fundamental para comprender su desarrollo y trayectoria.

Érico Ribas Machado y Suzete Terezinha Orzechowski presentan la vida y obra de **Paul Gerhard Natorp** (1854-1924), filósofo alemán considerado el precursor de la Pedagogía social. Estudió música, historia, filología clásica y filosofía en varias universidades y fundó la escuela neokantiana de la Universidad de Marburg. Ribas y Terezinha analizan su obra principal, "Pedagogía social: teoría de la educación de la voluntad", publicada en 1899, en la cual sentó las bases de nuestra disciplina. Natorp también se inspiró en las ideas de Platón y Pestalozzi. Su enfoque pedagógico se basaba en la comunidad y en el desarrollo integral de los individuos. La Pedagogía social se diferencia de la pedagogía tradicional al enfocarse en aspectos educativos que involucran a grupos y comunidades, en lugar de centrarse en el individuo.

Santiago Pavani y Marilene Alves presentan la vida y obra de **Thiago Matheus Würth** (1893-1979), un educador y pedagogo brasileño. Nacido en Alemania, Würth emigró a Brasil en 1919 y se dedicó a la enseñanza y a la educación especial. fue un intelectual destacado en el ámbito local, nacional e internacional. Desde 2016, Pavani y Alves han estado curando el Archivo Personal de Thiago Würth, el cual no había sido tratado ni consultado durante cincuenta años después de su muerte. Este archivo contiene tesis, artículos, traducciones, conferencias, fotografías y escritos no publicados llamados "memorias". La organización de este archivo ha permitido comprender las relaciones profesionales y sociales de Würth, así como sus motivaciones para guardar documentos. Entre su legado más importante, se encuentra la fundación del Instituto Pestalozzi en 1926, una institución pionera en la educación especial en Brasil. Würth fue un defensor de la pedagogía social y trabajó para mejorar la educación de niños y jóvenes con discapacidades. Su obra abarcó temas como la infancia, la adolescencia, la ortopedagogía y la asistencia educativa a los menores. Su legado perdura en la actualidad, con el Instituto Pestalozzi continuando su labor en la atención de personas con discapacidad.

Telmo Adams y Roberta da Rosa proporcionan una visión general de la vida y obra del venezolano **Simón Rodríguez** (1769-1854), destacando su importancia como pensador y educador en América Latina. Rodríguez fue un crítico del sistema estamental y defensor de la igualdad fundamental. Adelantado a su tiempo, propuso la puesta en práctica de una educación social, popular y republicana. Esta educación debía ser universal y centrada en los más desfavorecidos, con el objetivo de formar ciudadanos autónomos y críticos. El pensamiento de Rodríguez trasvasó el ámbito socioeducativo y tuvo un impacto importante en el movimiento sindical venezolano. En general, Adams y da Rosa dejan clara la relevancia actual de las ideas de Rodríguez en cuanto a la igualdad, la justicia social y la participación ciudadana.

María Raquel Schettini Castro detalla en su capítulo el legado de **Raquel Camaña** (1883-1915), pedagoga argentina cuyos aportes ayudaron a configurar la pedagogía social. Estudió en la Escuela Normal Nº1 de La Plata y se formó en lenguas vivas, lógica y psicología. Participó comprometidamente en el movimiento por el sufragio femenino y fue invitada a congresos internacionales sobre higiene escolar y pedagogía. Sus preocupaciones se centraban en los problemas sociales como las insuficiencias que mostraban las instituciones generadas en el siglo anterior y la crisis social que se hacía evidente en amplios sectores urbanos, en particular en niños y jóvenes desvalidos y el rol de las instituciones educativas en su solución. Criticaba el modelo educativo de la época y abogaba por una educación integral que formara a los individuos para la vida. Su pensamiento estuvo influenciado por el socialismo argentino y dejó un legado de obras pedagógicas en las que plasmó sus ideas, entre las que destaca el libro "Pedagogía social" publicado en 1916. En vida padeció el rechazo en algunos ámbitos académicos y su trabajo fue reconocido y publicado póstumamente. Raquel Camaña es considerada una precursora de la pedagogía social y su obra sigue siendo relevante en la actualidad.

Mara Lucia Teixeira Brum aborda la vida y obra de **Johann Heinrich Pestalozzi** (1746-1827), educador suizo de finales del siglo XVIII y comienzos del XIX, considerado por muchos como el primer educador social. En su capítulo, Teixeira desarrolla los conceptos fundamentales de la obra de Pestalozzi, como la integralidad del desarrollo humano y la importancia de su fórmula "mente, corazón y manos", es decir, la capacidad humana de pensar, sentir y construir. Tras una exhaustiva investigación sobre la obra de Pestalozzi, Teixeira descubrió que ninguna de sus obras está traducida al portugués en Brasil. A pesar de que su obra fue conocida a través de la escuela nueva, el movimiento anarquista y Helena Anfipoff, quien estableció la institución Pestalozzi en el país, Teixeira considera que las traducciones parciales realizadas por investigadores como Dora Incontri y Alessandra Arce, así como las tesis y disertaciones sobre él, no son suficientes para comprender plenamente su legado. Pestalozzi, un crítico social de su época, sigue siendo relevante en el siglo XXI, especialmente por su enfoque humanista y social en la educación. Su defensa de la educación integral y el desarrollo social lo convierten en un autor digno de reconocimiento para quienes luchan por la dignidad de las clases menos favorecidas.

Francisco José Del Pozo Serrano y Juliana dos Santos Rocha nos presentan las contribuciones de **José Ortega y Gasset** (1883-1955) a la pedagogía social. Los autores resaltan la importancia Ortega y Gasset como una figura importante del pensamiento filosófico español del siglo XX. Aun cuando en el capítulo Del Pozo y Dos Santos mencionan el transfondo filosófico de este pensador y la influencia del Idealismo alemán en su obra, resaltan el impacto de sus libros "Pedagogía social" y "Curso de Pedagogía" en la renovación pedagógica en España y su posterior influencia en América Latina. Del Pozo y Dos Santos analizan detalladamente su obra "Pedagogía social como Programa Político", donde expone su manera de entender la pedagogía social y su relación con la transformación social. Para Ortega y Gasset, la pedagogía social es una manera de proporcionar una formación significativa y comunitaria, para lo cual es necesario que sea una educación laica y pública, es decir, que sea responsabilidad del Estado.

Danilo R. Streck y Valburga Schmiedt Streck ofrecen una introducción a la obra de **Klaus Mollenhauer** (1928-1998), uno de los teóricos pedagógicos alemanes más importantes de la era de la posguerra quien se centró en la pedagogía crítica y la naturaleza cultural e histórica de la educación y la crianza. El libro que sirvió de base para la reflexión fue "Introducción a la pedagogía social: problemas y significados del trabajo con jóvenes" en donde Mollenhauer aborda la relación entre pedagogía social y sociedad, destacando la importancia de la generación y la salud y en donde explora aspectos sociopedagógicos del desarrollo humano, como el ajuste y los conflictos. El libro incluye una parte práctica sobre la actuación en pedagogía social, que abarca temas como el cuidado y la planificación. Además, se reflexiona sobre la evaluación y control de comportamientos desviados de la pedagogía liberal-burguesa, relacionando la pedagogía social con autores como Pestalozzi y Rousseau. De acuerdo con Streck y Schmiedt, la obra analizada sirve como una introducción al campo de la pedagogía social, identificando conceptos clave y áreas de actuación.

Marta de Borba Paulo, Tatiane de Oliveira y Ana Paula Seger describen la vida y obra de **Anton Semiónovitch Makarenko** (1888-1939), pedagogo y escritor ruso que desarrolló un enfoque revolucionario en la educación. Influenciado por Máximo Gorki y Lenin, creía en la formación de una nueva sociedad a través de la educación colectiva. Las autoras del capítulo identifican "Poema Pedagógico" (1933) como su obra más importante, en la cual destaca su método de organizar la escuela como una comunidad que busca la felicidad de los alumnos. Para Makarenko, la disciplina y la formación del individuo dentro de la colectividad eran muy importantes. Su trabajo tuvo un impacto mundial y sigue siendo relevante en la pedagogía contemporánea, tal es el caso del Colectivo Makarenko –Grupo de Estudios, Investigación y Extensión sobre Trabajo, Estado, Democracia y Educación de la Universidad Estatal del Oeste de Paraná.

Maria Benites presenta a **Gertrud Bäumer** (1873-1974), una destacada educadora, activista feminista, política, escritora y periodista alemana. Bäumer jugó un papel relevante en la educación social de los jóvenes y en la lucha por los derechos de las mujeres. Ocupó cargos políticos importantes y tuvo una exitosa carrera como periodista y escritora. Su enfoque pedagógico se basaba en la idea de la comunidad y la importancia de la educación en ese contexto. Dejó extensos trabajos escritos, incluyendo ensayos en revistas como "Die Frau" y "Die Hilfe", y contribuciones a obras colectivas como el "Manual del movimiento de mujeres". También publicó obras independientes como "Die Frau in der Kulturbewegung der Gegenwart" ("La mujer en el movimiento cultural contemporáneo") y la autobiografía "Lebensweg durch eine Zeitwende" ("Trayectoria vital a través de un cambio de era"), publicada en 1933. En su libro "Im Licht der Erinnerung" (A la Luz del Recuerdo), Bäumer describe sus impresiones sobre las condiciones de vida en Kamen a principios del siglo XX, la realidad escolar local y los desafíos enfrentados por una joven profesora. A través de la revista "Die Frau" (La mujer), buscaba transmitir ideas y soluciones para empoderar a las mujeres, y a través de conferencias les ofreció oportunidades educativas sobre política, historia y literatura. A pesar de enfrentar críticas y controversias, su legado perdura como una figura clave en la historia de la educación y los derechos de las mujeres en Alemania.

Karine Santos y Henrique Luis Engel analizan la obra de **Herman Nohl** (1879-1960), pedagogo alemán que defendió la educación como medio para transformar la sociedad. Nohl criticó la falta de atención a la formación del carácter en la asistencia social y abogó por una pedagogía social centrada en el desarrollo de las capacidades individuales y la formación de comunidades solidarias. Dada la escasez de traducciones, Santos y Engel optaron por analizar "Aufgaben und Wege der Sozialpädagogik" (Tareas y caminos de la pedagogía social), una obra clásica de Nohl compuesta por artículos escritos entre 1924 y 1952, y consultaron el libro "Teorias do Trabalho Social" (Teorías del Trabajo Social) que lista ocho temas principales de la obra. En sus obras, Nohl destaca que la educación debe entenderse desde su realidad concreta, considerándola como una realidad racional y significativa, influida por la historia y establecida en instituciones y leyes. Habla además de las polaridades y ambigüedades de la educación, como la dualidad entre individuo y masa, educando y educador, teoría y práctica. Nohl sostiene que la Pedagogía es independiente y autónoma, con criterios y normas propios que le permiten centrarse en el desarrollo espiritual y corporal del individuo. Propone que la Pedagogía Social sea el nuevo ámbito educativo para abordar estas necesidades, tal es parte de su legado.

Levi Nauter de Mira aborda la vida y obra de **José María Quintana Cabanas** (1930-2013), pedagogo catalán cuyo trabajo abarca temas como la filología, los estudios etimológicos, la traducción y la filosofía. Su influencia en el pensamiento alemán se refleja tanto en sus estudios realizados en ese país como en sus traducciones del alemán al español. Nauter de Mira profundiza en la principal obra de Quintana, "Pedagogía Social", publicada en 1988, la cual es un referente actual en Brasil y en América Latina. Esta obra explora los fundamentos teóricos de esta disciplina, analiza su relación con otras disciplinas educativas y sociales, y presenta diferentes enfoques y metodologías utilizadas en la intervención socioeducativa. También aborda temas como la educación no formal, la animación sociocultural, el trabajo comunitario y la participación social, que son fundamentales en la práctica de la Pedagogía Social y, por tanto, para la promoción del bienestar y la inclusión social de las personas en situación de vulnerabilidad.

Marilene Alves Lemes, Orlando de Oliveira Pinheiro y Alex Seixas Eifler exploran los aportes de **Lorenzo Luzuriaga Medina** (1889–1959), un destacado pedagogo español y activista republicano exiliado en Argentina durante la Guerra Civil española. El exilio de Luzuriaga también marcó el exilio de la pedagogía moderna en España. En su obra "Pedagogía social y política", Luzuriaga enfatiza que la educación siempre cumple una función social. Los autores del capítulo analizan cómo Luzuriaga aborda diferentes concepciones de la educación, desde aquellas que la subordinan a la sociedad y al Estado, hasta aquellas que la consideran el eje de la vida social. También mencionan los diversos grupos y núcleos sociales que buscan imponer sus normas e ideas sobre la educación, y plantean que la pedagogía política debe superar los conflictos y dificultades que surgen. Para Luzuriaga, la educación tiene sus propias leyes e ideas y tiende a la autonomía, pero su objetivo principal es la formación del individuo y la eliminación de las diferencias sociales para construir una sociedad cultural y humana.

Puebla, México.
Karla Villaseñor Palma

JOHANN HEINRICH PESTALOZZI
(1746–1827)

PESTALOZZI E O DESENVOLVIMENTO DA CONSCIÊNCIA EDUCATIVO SOCIAL

Mara Lucia Teixeira Brum

As faculdades do homem têm de ser desenvolvidas de tal forma que nenhuma delas predomine sobre as outras.
(Johann Heinrich Pestalozzi)

Biografia

Johann Heinrich Pestalozzi[1], nasceu em Zurique, na Suíça, em 12 janeiro de 1746, originário de uma família italiana protestante que migrou para aquele país no século XVII. Filho de Johann Baptista Pestalozzi (italiano), médico oculista, e de Suzana Hotz, filha de comerciantes ricos. Em 1751, aos 5 anos, perdeu o pai, que deixou a família em situação financeira instável, ficando ele e os dois irmãos aos cuidados de sua mãe e da fiel colaboradora Barbara Schmid (Babeli). A vida escolar começou numa escola primária igual a todas as outras, onde o terror e os castigos reinavam. Frequentou a escola superior em Zurique, sendo influenciado pelas obras de Jean-Jacques Rousseau, que o ajudaram a desenvolver ideias sociais e democráticas. Nesse período, estudou línguas, Teologia, Direito e História e aplicou-se, depois, à Economia Rural. Não chegou a concluir qualquer profissão acadêmica, mas tinha uma cultura forte e tornou-se um especialista nas obras de Rousseau. Casou-se em 1769, aos 23 anos, com Ana Schultess, e, um ano mais tarde (em 1770), nasceu seu filho Hans Jakob Pestalozzi[2]. Logo depois, em 1774, mudou-se com sua família para Neuhof, uma pequena fazenda onde dedicou-se à agricultura. Em seguida ele a transformou em um abrigo para crianças pobres e mendigos que perambulavam pelos caminhos. Para mantê-la, todos ajudavam na organização doméstica e no plantio de produtos para alimentação própria. Neuhof faliu em 1780, deixando Pestalozzi desapon-

---

[1] Antes de começar a expor a biografia o pensamento de Johann Heinrich Pestalozzi, é preciso destacar que esse capítulo remete ao recorte da dissertação de mestrado da autora (2014), que versa sobre a importância do autor para pensar uma educação social e consequentemente a pedagogia social no Brasil. Dissertação disponível em: http://repositorio.ufpel.edu.br/handle/prefix/3198.

[2] Faleceu aos 31 anos de idade, deixando um único neto, Gottlieb Pestalozzi (1798–1863).

tado, mas serviu para produzir os germes do seu método pedagógico, e conclui que não poderia educar Jakob (seu filho) fora da sociedade. Em setembro de 1798, a vila de Cantão de Unterwald, na cidade de Stans, foi devastada pelo exército francês e, segundo os dados oficiais, após a "guerra, restaram 246 órfãs e 237 crianças desvalidas, filhos de pais totalmente arruinados na miséria"[3] (Pestalozzi, 1967, p. 276). Diante da necessidade de socorrer as vítimas da guerra, Pestalozzi foi enviado para Stans a convite do ministro para fundar um asilo e recolher os órfãos. O sonho durou pouco, pois, com as guerras napoleônicas[4], Pestalozzi precisou deixar Stans e sua obra pedagógica teve de ser adiada mais uma vez. O prédio do asilo foi cedido para ser um hospital militar. Pestalozzi encerrou suas atividades, e, após sete meses, encontrava-se debilitado fisicamente e ainda não havia formado um juízo exato dos fundamentos que deveriam servir de guia para seu método. Posteriormente à saída de Stans, Pestalozzi foi nomeado professor-adjunto numa escola de pobres na aldeia de Burgdorf, mas suas ideias, de imediato, chocaram-se com as do diretor, sendo ele transferido para outra escola na cidade alta, frequentada por filhos de burgueses, fato que lhe deixou muito feliz, porque nessa escola pôde apresentar sua metodologia pedagógica para a classe burguesa, mostrando que ricos e pobres podem compartilhar o mesmo ensino. Pestalozzi realizou muitos protestos educacionais, políticos e

---

[3] O período pós-guerra (invasão francesa da Suíça, em 1798) levou à desestruturação social e ao aumento de delinquência juvenil, fato que contribuiu para o surgimento de lugares educativos no campo, que recebiam crianças, jovens abandonados e delinquentes e os preparavam para o mundo do trabalho, como fez Pestalozzi nos institutos e orfanatos. Cabe ressaltar que, nesse período, nasce a preocupação com a formação moral das crianças e dos jovens. Nessa época, a infância e a juventude passam a ser levadas em conta. Antes, não se podia falar em educação das crianças porque estas eram vistas como seres sem importância, quase invisíveis, não se tinha uma imagem positiva sobre elas. Conforme Ariès (1978, p. 30-35), os séculos XVI e XVII esboçam uma concepção de infância centrada na inocência e na fragilidade infantil. O século XVIII inaugurou a construção da infância moderna, assumindo o signo de liberdade, autonomia e independência. As mais importantes foram as reformas religiosas católicas e protestantes, que trouxeram um novo olhar sobre a criança e sua aprendizagem. Surge uma preocupação com a formação moral da criança e a igreja se encarrega em direcionar a aprendizagem, visando corrigir os desvios da criança, que se acreditava ser fruto do pecado e deveria ser guiada para o caminho do bem. Entre os moralistas e os educadores do século XVII, formou-se o sentimento de infância que viria a inspirar toda a educação do século XX.

[4] O período entre 1756 a 1799 foi considerado um tempo de extrema violência na França por ser o fim da Guerra dos Sete Anos travada entre diversas monarquias nacionais europeias (Inglaterra, França, Prússia, Áustria e Rússia) em torno do controle de regiões de exploração colonial, e o início da Revolução Francesa que começou com Luís XV, estendendo-se até a época em que Napoleão Bonaparte se autodenominou primeiro-cônsul da França, período que se estendeu por dez anos, e milhares de aristocratas, inclusive o rei e a rainha, além de líderes revolucionários, morreram na guilhotina. A França e a Grã-Bretanha foram os centros do Iluminismo, pois tinham um soberano esclarecido como monarca. Os norte-americanos ganharam a sua independência da Inglaterra, em nome da razão e dos direitos naturais, e a burguesia francesa, movida pelos mesmos ideais, destruiu os privilégios aristocráticos na França.

sociais nesse período, por meio do Jornal *Folha Popular Helvética*[5], no qual era redator, em 1798, e fazia denúncias sobre infanticídio, maus tratos às crianças e corrupção.

Em 1800, foi cedido a Pestalozzi um castelo do século VII, para que ele fundasse uma escola primária e uma escola normal. Esse foi um dos mais bem-sucedidos institutos, prosperou para além das fronteiras da Suíça e nele Pestalozzi permaneceu de 1799 a 1804, desenvolvendo um centro de ensino e de formação de professores. Nesse período, sua metodologia pedagógica já estava testada e comprovada. Yverdon destacou-se, chegando a ter 150 alunos no ano de 1809, sendo referência em toda a Europa pelos métodos implantados. Porém, Pestalozzi percebeu a necessidade de aperfeiçoar e ampliar seu método pedagógico por meio da psicologia. A união com Hermann Krüsi[6] e John George Tobler[7] o fez reerguer-se econômica e moralmente, pois eles muito contribuíram para a fundamentação psicológica do seu método de desenvolvimento integral. Os últimos anos da sua vida foram dedicados ao ensino e à direção do Instituto de Yverdon e a um novo empreendimento, o "instituto dos pobres", um dos grandes sonhos da sua vida, que abriu em 1818, em Clindy, nas proximidades de Yverdon, que teve vida curta, por estar desacreditado, devido aos desentendimentos que teve com os professores em Yverdon. Em 1819, o Instituto de Clindy é integrado a Yverdon, porém, devido às desavenças internas, ambos acabam fechando em 1824. Após o fechamento, em 1825, Pestalozzi retorna a Neuhof, onde se aposenta e escreve sua última obra autobiográfica, em 1826, considerada por vários comentadores como seu testamento pedagógico. Em 17 de fevereiro de 1827, adoece e falece em Brugg.

Contexto histórico

Pestalozzi e sua pedagogia tiveram como marcos iniciais e importantes a Revolução Industrial e a Revolução Francesa, que repercutiram na economia, na política e na educação, movimentaram toda a sociedade e a cultura e deram início a uma nova fase da modernidade, marcada pela

---

[5] *Helvetischen volksllatt*. Pestalozzi entrou para o jornal em 1764 e se tornou o redator oficial em 1798.
[6] Hermann Krüsi (1775–1844), foi um dos melhores colaboradores de Pestalozzi, que ajudou na escrita do Livro das Mães, conviveu com Pestalozzi em Yverdon, saindo por causa de conflitos pessoais com Joseph Schmid e Johannes Niederer, porém mantendo, em todas suas escolas, o princípio do método pestalozziano.
[7] John George Tobler (1769–1843) era professor de Geografia, uniu-se a Pestalozzi para aprender os princípios metodológicos de Pestalozzi para usar na Geografia.

centralização das ideologias, pela luta de classes e pelos desenvolvimentos tecnológico e científico, pelo crescimento da sociedade de massa que gerou uma revolução educativa, escolar, curricular, disciplinar, cognitiva e ética, tendo como alvo o pensamento científico e o controle social. Além desses fatos, ele sofreu grande influência da "revolução cultural" formada por dois movimentos que tiveram muita importância na cultura e na pedagogia, refletindo nos pensadores da época — o movimento iluminista e o movimento romântico[8], que foram ou representaram uma revolução de coração e mente. O papel da cultura e dos intelectuais devia ser redefinido em relação ao problema da formação do indivíduo, que agora é o componente orgânico de um povo, cujo destino é chamado a partilhar a perspectiva de construção ética de toda a comunidade, em que o Estado deixa de ser anônimo e passa a ter a função de estruturar a organização da vida política, econômica e educacional.

O movimento iluminista[9] foi, em suas variantes, uma reação contra a intolerância religiosa. A superstição e a magia foram substituídas por ideais humanitários, pelo raciocínio científico e pela crença no progresso. As implicações para a educação eram enormes e começa a operar o romantismo de Rousseau e outros. A longo prazo, os efeitos do Iluminismo sobre a educação foram numerosos e muito importantes: além de defender um tratamento mais humanitário para os jovens, os filósofos encorajam a mais científica atitude para o estudo da educação. Começa o desenvolvimento da psicologia infantil, o interesse na observação cuidadosa que influenciou a pedagogia numa abordagem de currículo e que incentivou conteúdo correspondente com o desenvolvimento de habilidades de cada aluno e da criança, numa perspectiva positiva e secularizada. O movimento iluminista fortalece a ideia de formação geral, ampliada e válida para todos os homens, como condição de liberdade e esclarecimento. Trata-se de uma visão antropológica secularizada, ensaiada já por Rousseau.

No entanto, a Idade da Razão exigia que a educação se preocupasse com o desenvolvimento dos poderes da mente para criticar o *status quo* e pensar racionalmente. Os acontecimentos em relação ao enaltecimento

---

[8] Segundo Tiago Würth, muitos aspectos do movimento romântico desenvolveram-se a partir da "obra de Pestalozzi e sua reflexão sociopolítica, que está estreitamente relacionada à sua prática pedagógica, nos orfanatos que fundou para o atendimento dos menores desamparados" (Würth, 1971, p. 67).

[9] Iluminismo (séc. XVIII) é "a linha filosófica caracterizada pelo empenho de estender a crítica e o guia da razão em todos os campos da experiência humana [...] O iluminismo não é somente compromisso crítico da razão: é ainda o compromisso de servir-se da razão e dos resultados que ela pode conseguir nos vários campos de pesquisa para melhorar a vida particular e associativa de cada homem" (Abbagnano, 1962, p. 509-511).

da razão transformaram radicalmente a vida das pessoas, mudando sua maneira de sentir e de relacionar-se na sociedade. O sentimento, o desejo, a poesia e a religião, assim como o valor das pessoas, tornam-se pontos essenciais em torno dos quais polarizam-se as atividades intelectuais, com sérias e importantes consequências na educação. Segundo Cambi (1999, p. 415),

> [...] o período romântico produziu uma profunda renovação teórica que ativou uma nova ideia de formação, como a Bildung[10] e o desenvolvimento espiritual através da cultura ligada a uma nova concepção de espírito humano.

Trata-se do autocultivo e da autoformação em um nível de desenvolvimento de todas as lateralidades do indivíduo. Esse ideal de formação começa a ser questionado por volta dos anos 1800, a partir das ideias liberais e malthusianas e, por causa do ideal de secularização advindo pós-Revolução de 1789, as congregações não obtiveram mais espaço ou possibilidade de implementação de obras altruístas. Pode-se dizer que todas essas influências contribuíram para o surgimento da Educação Social, que visa à socialização dos sujeitos junto à sociedade e ao mercado de trabalho, contrapondo-se à educação da época.

É nesse cenário que aparecem Pestalozzi e outros que julgam como princípios pedagógicos a luta contra a exclusão social[11] e a pobreza e tomam como base pressupostos científicos pragmáticos ou políticos, não religiosos. Pestalozzi, a partir da teoria de Rousseau, começa teorizar seu método social pedagógico voltado para as camadas populares. A

---

[10] A palavra alemã *Bildung* significa, genericamente, Cultura e pode ser entendida, nesse sentido, como análoga à palavra *Kultur*, de origem latina, porém enquanto *Kultur* tende a se aproximar das relações humanas objetivas, a palavra *Bildung* aproxima-se mais das transformações na esfera subjetiva, referindo-se a um processo de autoformação (Bandeira, 2008, p. 65).

[11] A marginalidade e a exclusão social chamaram a atenção dos primeiros educadores, Juan Luis Vives, Jan Amos Komensky, Friedrich Fröbel, Johann Heinrich Pestalozzi, que enxergavam o componente social como fundamental para a educação. Os educadores mencionados acima dedicaram-se à pobreza e aos problemas sociais e são, do ponto de vista pedagógico, pioneiros na práxis de Educação Social. Esses pedagogos e filósofos problematizaram as condições da vida em sociedade assim como a educação que era ministrada ao povo vulnerável, buscando um equilíbrio educacional, que priorizava uma educação igual para todas as classes sociais. O adjetivo "social" ligado ao substantivo "educação" foi uma forma de chamar atenção para os problemas que ocorriam no seio da sociedade moderna, e para mostrar que toda a educação precisa estar voltada à preocupação com o meio social dos sujeitos, o que de certo modo se torna redundante já que toda educação é social. Porém, nem sempre a educação esteve preocupada em discutir e pensar os problemas sociais. Foi contra o descaso da educação com a problemática social que esses pensadores lutaram.

compreensão desse contexto é muito relevante para o entendimento da vida e da obra de Pestalozzi.

O que dizem do autor

Nosso autor é reconhecido mundialmente por ter criado um método pedagógico que ficou conhecido como a tríade cabeça–coração–mãos, proposta pedagógica que mudou o jeito de ensinar no mundo. Lutou a vida toda para que os mais pobres da sociedade tivessem direito a uma educação de qualidade. Foi um dos mais importantes filósofos da pedagogia que descreveu a educação como um processo social. Ampliou o vínculo social da educação na intersecção entre o individual e o social. Diz Cambi (1999, p. 330): "a educação se torna mediadora entre a sociedade e poder público orientada para fins sociais e civis". Propôs uma pedagogia mais livre e socialmente mais ativa, mais articulada e eficaz, visando a um sujeito mais crítico, autônomo e ativo na sociedade. Foi um dos primeiros a discutir a função política da pedagogia no interior da sociedade, buscando a rearticulação da sociedade quanto a valores sociais, políticos, morais e culturais da época, que passaram a ser vistos como meios para o desenvolvimento social. Diz Cambi (1999, p. 409):

> Em Pestalozzi podemos colher o vínculo estreitíssimo entre pedagogia e sociedade através da disciplina e do trabalho, mas também a formação do homem vista como exercício da liberdade e da participação na vida coletiva, econômica e social. É na liberdade que Pestalozzi indica a função sociopolítica e, portanto, ideológica da educação.

Pestalozzi engajou-se na problemática social da época. Seu método despertou uma nova consciência educativa social, ligada às necessidades do povo, influenciando o comportamento educativo docente que passou a agir de forma mais harmônica, preservando a liberdade criativa do aluno. Padre Girard, que foi amigo de Pestalozzi e grande admirador de seu método pedagógico, ao visitá-lo em Yverdon, faz a seguinte declaração sobre o instituto: "uma helvécia, terra clássica da educação, glória não menos bela, mas certamente a mais sólida" (Würth, p. 142). Todos que visitavam o instituto ficaram admirados ao ver como ele conseguia manter tudo sobre controle com pouquíssimos ajudantes. Não havia castigos corporais, gritos ou desavenças entre os alunos, todas as questões eram discutidas em conjunto, com amor e respeito entre alunos e professores. A adesão à cultura física, princípios de higiene, com classes móveis e ensino individualizado de acordo com as aptidões dos alunos, método que o aproximam da escola ativa[12], gerou grandes transformações na época, ativando a curiosidade de muitos educadores que foram apropriar-se do seu método. Soetard (2009, p. 28) nos diz "Dewey a Pestalozzi a modernidade da pedagogia decididamente tem necessidade de assumir sua herança". Já Cabanas (2003a, p. 481) aponta que "os princípios pedagógicos de Pestalozzi se inscrevem na linha de um personalismo e humanismo pedagógico que, alçando voo muito mais alto, ultrapassa aquela visão rastejante do pensamento pós-moderno atual". Segundo Incontri (1997, p. 24)

> [...] para Pestalozzi, não há possibilidade de se fazer uma sociedade justa se não houver homens justos. Por isso, todo o seu esforço, muito além de querer instruir ao povo, foi no sentido de moralizar o homem, de convocá-lo a tornar-se o que ele é potencialmente. E para isso, ao contrário da maioria absoluta dos pensadores, Pestalozzi não se satisfez em semear ideias: tomou pelas mãos o próprio homem, ainda criança, para tentar conectá-lo consigo mesmo.

Pestalozzi não só ensinava, mas mostrava como poderia ser feito, trabalhava na zona proximal do aluno, mostrando o certo ou errado se necessário. Seu engajamento em conseguir erguer a sociedade do seu tempo por meio da educação foi incansável. Comenta Eby (1976, p. 374):

> [...] no campo da possibilidade não se sabe se foi Rousseau, ou Pestalozzi que exerceu maior influência sobre a **sociedade moderna**. O primeiro influenciou profundamente a educação através dos seus livros, porém fracassou como professor, o outro exerceu pouco influência através dos livros, mas conquistou o mundo em favor da **educação pública universal**. Sua vida e caráter formam a bibliografia mais inspiradora que possa ser estudada por alguém interessado em educação. (grifos da autora)

A abordagem de Pestalozzi trouxe significativas contribuições ao campo educacional e social, pois acreditava que a educação devia ser o

---

[12] Na atualidade o Programa Escola Ativa tem como objetivo a qualidade do desempenho escolar em classes multisseriadas nas séries iniciais do ensino fundamental de escolas do campo. Para isso, o programa implanta nas escolas recursos pedagógicos e de gestão, como kits de caderno de aprendizagem das disciplinas Português, Matemática, Ciências, História e Geografia para os estudantes do ensino fundamental. Visa implantar nas escolas recursos pedagógicos que estimulem a construção do conhecimento do aluno e capacitar professores. http://www.educacao.pr.gov.br/modules/conteudo/conteudo.php?conteudo=96. Acesso em: 13 nov. 2020.

principal meio das reformas sociais. Sua proposta pedagógica apoiou-se em sua tríplice concepção de desenvolvimento traduzido como intelectual, moral e físico, que formou os alicerces da educação contemporânea.

Obra

Pestalozzi foi um escritor com mais de 40 volumes, que teve seus livros traduzidos para vários idiomas, o que tornou seu método conhecido mundialmente[13]. O único país que não tem nem uma obra traduzida na íntegra é o Brasil. Entre suas obras mais conhecidas podemos destacar as seguintes:

- *Vigília de um Ermitão*[14] (*Abendstunden eines Einsiedlers*) (1780), relatando as experiências que teve com seu centro, um trabalho didático que definiu sua teoria de reforma social por meio da educação.
- *Leonard e Gertrude* (1781), romance sociológico que retrata a vida dos camponeses que denuncia o descaso com a educação e o modo como o ensino era ministrado.
- No ano de 1801, publicou *Como Gertrude ensina seus Filhos* (*Wie Gertrud ihre Kinder lehrt*), obra que expõe os princípios fundamentais da pedagogia pestalozziana. Nas três primeiras cartas, Pestalozzi trata do método de forma geral. Da carta quatro à carta 11, disserta sobre a educação intelectual, abordando que essa é constituída pela palavra, pelo número, pela forma e pelos elementos da intuição. A carta nove, é interessante mencionar, faz uma crítica ao sistema de educação na Europa e denuncia a pobreza e ignorância dos menos favorecidos. Na carta 12, aborda os princípios da educação física. Nas cartas 13 e 14, ele disserta

---

[13] Vale ressaltar os autores que publicaram ou fizeram apreciações sobre as obras de Pestalozzi como: Herbert Spencer, Roger de Guymps, grande divulgador e tradutor das obras de Pestalozzi, talvez um dos mais fiéis às ideias do mestre, Johann Ramsauer, James Guillaume, Luís Sepúlveda, Johann Christoph Buss, Louis Villiemin, Ludwig Wilhelm Seyffarth, Heinrich Morf, Marco Antoine Jullien, Auguste Pinloche, Johann Gottlieb Fichte, Mme de Stael, Carl Schmid, Isaak Iselin, Joseph Payne, Heinrich Meier, Jean Baptiste Girard, Paul Natorp, Wolfgang Goethe, Gottlieb Anton Gruner, Rainha Luísa, Imperador Alexandre I, Leopoldo II, Blanco y Sanchés, Gabriel Compayré e Afrânio Peixoto.

[14] Essa obra tem vários nomes, entre elas: *Crepúsculos de um Eremita*, *Horas vespertinas de um ermitão*, entre outros, dependendo do idioma em que é traduzida.

sobre a moral e a religião, que são inseparáveis para ele, além do amor que é central na pedagogia pestalozziana.

- Em 1783, publica a segunda parte de *Leonardo e Gertrudes*. A obra teve grande destaque e êxito, fato que não aconteceu com sua continuação, *Christopher e Elsa*, escrito em 1782.

- Em 1783 publica *Legislação e infanticídio* (*Uber Gesetzgebung und Kindermord*), denunciando os maus tratos sofridos pelas crianças e os altos índices de suicídio infantil. Entre os anos de 1785 e 1787, publica a terceira e quarta partes de *Leonardo e Gertrudes*.

- No ano de 1797, publicou o livro *As Minhas Investigações sobre a Marcha da Natureza no Desenvolvimento do Género Humano* (*Meine Nachforschungen über den Gang der Natur in der Entwicklung des Menschengeschlechts*). Essa obra é considerada fundamental para conhecer o pensamento pestalozziano, pois apresenta a antropologia, a ética, a filosofia social e a filosofia da educação de Pestalozzi (cf. Incontri, 2006). Pestalozzi expõe seu pensamento sobre os três estados, natural, social e moral, fazendo o encadeamento de suas ideias a respeito do direito civil e sobre a moral.

- Entre 1801 e 1809, ele se dedicou a trabalhar na construção do método pedagógico didático, que aparece em três obras, a saber: *O livro das mães* (1803); o *ABC da intuição* (1803), um conjunto de fábulas; *Doutrina das relações numéricas* (1803), no qual explica os conceitos de linguagem, forma e número. O princípio geral do método vai ser publicado em 1811, no livro *Sobre a ideia de Educação Elementar* (*Elementarbildung*), obra que define o método da pedagogia pestalozziana.

- *Cartas Sobre a Educação Infantil* (*Briefe zur frühkindlichen Bildung*) (1818 e 1819), escrito em forma de 34 cartas ao amigo Janes Pierpoint Greves.

- Em 1826, publica *Canto do Cisne* (*Pestalozzi´s Schwanengesang*), considerado seu testamento pedagógico. No mesmo ano publicou *Os Destinos da minha vida* (*Das Schicksal Meines Lebens*), no qual relata sobre sua vida. Pestalozzi escreveu outras obras não menos importantes, porém, muitas ainda permanecem somente no idioma alemão e pouco são conhecidas.

Justificativa da escolha da obra

A opção pela obra se deu após uma ampla pesquisa sobre a produção do autor, e verificou-se que no Brasil não há nenhuma obra de Pestalozzi traduzida para o português. O autor entrou no país de forma indireta, por intermédio da escola nova e de seus representantes, do movimento anarquista e, principalmente, por Helena Anfipoff, que veio para Brasil e começou a instituição Pestalozzi. Além dela, temos a figura de Tiago Würth, que fundou o instituto Pestalozzi Canoas e chegou a publicar dois livros sobre a vida e a obra de autor. Outro autor que deixou mais dois livros foi Luciano Lopes, mas com poucas citações de Pestalozzi, além de Joaquim Teixeira de Macedo, que traduz grandes trechos de *Horas vespertinas de um ermitão*. Outras portas de conhecimento são o movimento espírita, na figura de Zêus Wantuil, e os livros de História da Educação. Atualmente, pequenos trechos são traduzidos por alguns pesquisadores, entre eles Dora Incontri e Alessandra Arce, além de algumas dissertações e teses na área da educação, o que não é suficiente para se conhecer a obra de um autor clássico como Pestalozzi, um crítico social do seu tempo, que deveria ser estudado nos diversos cursos de graduação e pós-graduação. Sua teoria sobreviveu ao tempo, sendo ainda muito atual para o século XXI. Suas obras merecem destaque no meio educacional por seu legado humanista e social que sobreviveu aos séculos, chegando à atualidade e dando muito o que pensar sobre gênese da educação social dentro e fora das escolas. Foi um teórico que defendeu a amorosidade, o desenvolvimento integral e a educação para o social. Sem dúvida é um autor que merece ser aplaudido por todos que lutam pela dignidade das classes menos favorecidas.

Principais inspiradores

Pestalozzi (cujo primeiro inspirador foi seu avô pastor André Pestalozzi) nasceu e viveu num período de reconstrução social em todas as áreas. Sofreu fortemente a influência dos movimentos da época, como o romantismo, o iluminismo, a Revolução Francesa, a Revolução Industrial e as Guerras Napoleônicas. Esses acontecimentos modificaram todo o cenário educacional da época. Nesse período, Pestalozzi já começara a testar as ideias de Jean-Jacques Rousseau (1712-1778) e passa a aperfeiçoar seu método pedagógico social, tendo como fontes de inspiração teorias de autores como Jan Amos Comenius (1592-1670), Francis Bacon (1561-1626),

John Locke (1632-1704), Johann Bernhard Basedow (1723-1790), Immanuel Kant (1724-1804) e contemporâneos. Conforme apontam Würth (1971) e Compayré (1911), Pestalozzi também conhecia as obras de autores menos conhecidos e filantrópicos como Johannes Niederer (1779-1843), Christian Gotthilf Salzmann (1744-1811), Karl Friedrich Bahrdt (1741-1792), Johann Jakob Bodmer (1698-1783), Johann Jakob Breitinger (1701-1776), Johann Gaspar Lavater (1741-1801), filósofo e reformador, Johann G. Fichte (1762-1814), Johann Christoph Gatterer (1727-1799) e Friedrich Schiller (1759-1805), que deram fundamentação teórica para o pensamento filosófico, social, pedagógico e político do autor, sendo que lhe acompanharam até o fim de sua vida os autores iluministas modernos, como Rousseau e Basedow, Kant e Humboldt. Pestalozzi fez o encadeamento de suas ideias e dos seus sentimentos sobre o direito civil e sobre a moral e integrou seu pensamento ao de Rousseau e Immanuel Kant, estabelecendo uma unificação entre o radical naturalismo de um e o radical moralismo do outro. A influência de Kant (1724-1804) nas obras de Pestalozzi dá-se aparentemente nas questões morais, tanto é que Pestalozzi defende a autonomia moral que tem como objetivo o cumprimento do dever moral.

Principais conceitos que sua obra aborda

Nas obras de Pestalozzi vamos encontrar algumas categorias bem significativas ligadas à educação, sendo elas conhecidas como a tríade cabeça–coração-mãos, seguida de muitas outras, porém vamos citar apenas as mais relevantes, conforme veremos a seguir.

- **Cabeça (*Kofp*).** Pestalozzi chama de cabeça todas as funções mentais e espirituais que o ser humano precisa para fazer um julgamento razoável do mundo por meio de audição, percepção, memória, imaginação, pensamento e linguagem. Frequentemente descreve esses poderes como "espírito", "espiritual" ou "poderes intelectual".

- **Coração (*Herz*).** O conceito de coração de Pestalozzi é mais difícil de entender. Ele não quis dizer com isso apenas os diversos sentimentos que nossas percepções e pensamentos causam, mas principalmente os sentimentos morais básicos de amor, fé, confiança e gratidão, e também a atividade da consciência, o sentimento do belo e do bom, o alinhamento de acordo com os valores morais. Em vez de coração, ele costuma falar de moral ou forças básicas moral-religiosas ou morais. Em sua opinião, somente o coração permite que as pessoas atinjam seu verdadeiro objetivo, a humanidade. O coração significa acima de tudo a moral. Para ele, a base para a ação moral não é a cabeça, mas o coração.

- **Mão (*Hände*)**. O conceito de mão, o mais complexo em Pestalozzi, refere-se muitas vezes a habilidades artísticas, forças físicas, profissionais, domésticas ou mesmo sociais. Portanto, a ação prática do homem está na mão, nela estão a destreza e a força física combinadas com saúde e bom senso para fazer ações frutificarem. A partir do ponto de vista do autor, a criança aprende por meio da atividade física, que contribui para o desenvolvimento orgânico saudável.

- **Integralidade (*Vollständigkeit*)**. Esse conceito é formado pelo desenvolvimento da cabeça-coração e mãos, que formam a unidade orgânica, com capacidades morais, mentais e físicas, sendo que cada uma delas se desenvolve por meio das outras. Por isso, os três elementos são inseparáveis na teoria de Pestalozzi, pois juntos formam o desenvolvimento integral. Conforme Pestalozzi (1981, p. 113), "o sábio une o insensato dividido".

- **Potencialidade.** Pestalozzi se refere aos recursos internos como atenção, inteligência, capacidade de julgamento, controle emocional, empatia e outras que são construídas a partir de nossas experiências no meio social. Ou seja, potencial são recursos internos e competências são habilidades que fazem o trabalho na prática. O potencial é o limite do desempenho, e as competências garantem a execução das atividades. Para isso é preciso conhecer (*kennen*), poder (*konnen*) e querer (*wollen*). Remete a **Saber** (princípio fundante), **Saber fazer** (domínio das habilidades), **Saber ser** (desenvolvimento das atitudes) e **Saber fazer juntos** (interação cooperativista com outros atores sociais, espírito social de ajuda mútua), que formam a integralidade do ser humano na teoria pestalozziana.

O autor e a Pedagogia Social/Educação Social

Na história da educação foi um autor que demarcou o **nascimento da educação social**[15] como teoria e prática que são frutos das ações pestalozzianas de unir educação e trabalho, com o fito de melhorar a educação da época e as condições de vida dos sujeitos na sociedade. A teoria pedagógica social pestalozziana, que demanda a educação para todas as pessoas, seja qual for sua situação social e posição econômica, continuou sendo discutida e aperfeiçoada por muitos teóricos que entendem a educação como chave do desenvolvimento social na atualidade, principalmente para os autores que se dedicam a teorizar a educação social na sociedade a partir da Pedagogia Social, sendo a base da educação pestalozziana carregada de humanismo, que sempre esteve ligada aos processos de socialização e aprendizados desses sujeitos no meio social, tendo como propósito tirar os homens do estado de miséria, inércia, ignorância e degradação em que se encontravam, elevando-os até o nível de humanidade.

Logo, na filosofia educacional de Pestalozzi, o humanismo e o amor ao aluno, assim como a sua liberdade, desempenham um papel central e decisivo para o aprendizado individual e social, conceitos estes que se mantiveram na Pedagogia Social. Portanto, embasada na perspectiva filosófica e antropológica pestalozzianas, a finalidade da Educação Social é ajudar o sujeito a compreender a realidade social humana, a melhorar a qualidade de vida, uma vez que se compromete com os processos de libertação e de transformação social. O grande desafio da educação social no sentido transformador é preparar para viver e conviver em sociedade, articulando a liberdade dos sujeitos diante das diferenças culturais, econômicas e políticas, o que supera em muito uma formação cognitiva. Suas ideias e seu método constituíram um dos pontos de partida de toda a nova pedagogia voltada para o social. Conforme Luzuriaga, "Pestalozzi dedicou sua vida à educação do povo, não como obra de caridade, como faziam seus antecessores, mas como direito humano e como dever da sociedade [...]" (Luzuriaga, 1960, p. 12-13). Nele se une o humanitarismo com o socialismo, ou melhor, fundam-se em um socialismo humanitário, baseado não na luta de classes, mas no amor e no sacrifício pelos outros. Isso posto, o método pestalozziano traz em seus princípios filosóficos o amor e caridade pelos que sofrem na sociedade, além do respeito pelos

---

[15] Pestalozzi é considerado por muitos autores como o primeiro educador social, entre eles se pode citar: José Maria Cabanas, Lorenzo Luzuriaga, Michel, Soëtard, Tiago Würth, Al'bert Petrovich Pinkevich, Gabriel Compayré, Hans-Uwe Otto e outros.

seres humanos que Pestalozzi sempre fez questão de demonstrar nas suas diversas obras e com quem com ele conviveu.

No entanto, sua obra pedagógica tem muito a dizer aos educadores sociais da atualidade, pois seu método contém elementos que ainda desafiam os educadores a construir a ponte entre a ação social e práxis. Foi considerado o reformador e o promotor da educação popular e uma das principais figuras da pedagogia iluminista. É apontado por vários autores como o precursor da Educação Social e da Pedagogia Social. Luzuriaga (1960, p. 174) define Pestalozzi como "o gênio maior, a figura mais nobre da educação e da pedagogia, o educador por excelência e o fundador da Pedagogia Social". A educação social deixada por Pestalozzi busca a origem dos problemas na prática e deles parte para a teorização comprometida com a mudança social para todas as classes. Portanto, a educação social no campo prático da Pedagogia Social tem que elaborar suas ações educativas juntamente com os sujeitos envolvidos no processo de ensino aprendizagem, tanto teórico como prático. É certo que Pestalozzi não apresentou uma proposta de conceito para a Pedagogia Social. Entretanto, quando nos referenciamos em seus escritos, podemos averiguar o quanto a Pedagogia Social herda de sua teoria e o quanto nos revela os pontos de partida comuns (*topoi*) tratados por Pestalozzi e pelas teorias da Pedagogia Social. Em Pestalozzi, o educador (social) é um organizador, protetor e representante dos interesses educacionais dos sujeitos, que procura colher informações do meio social para transformá-las em educação produtiva, que gere frutos no meio social. Portanto, um pedagogo social/educador social deve ser capaz não só de fazer uma análise correta do processo de socialização, mas também precisa ser hábil a ponto de utilizar o potencial educativo da sociedade para diversificar suas ações, pois a sociedade é o campo prático da Pedagogia Social.

Referências

ABBAGNANO, Nicola. **Dicionário de Filosofia.** 2. ed. São Paulo: Mestre Jou, 1962.

ARCE, Alessandra. **A Pedagogia na "Era das Revoluções"** – uma análise do pensamento de Pestalozzi e Fröbel. Campinas/SP: UNESP: Autores Associados, 2002.

ARIÈS, Philippe. **História Social da Criança e da Família.** Rio de Janeiro: Zahar, 1978.

BANDEIRA, Belkis S. Formação cultural e Educação: Adorno e a semiformação. *In:* OLIVEIRA, Avelino; GHIGGI, Gomercindo; OLIVEIRA, Neiva (org.). **Filosofia, educação e Práxis Social em textos.** Pelotas: Editora e Gráfica UFPEL, 2008.

BÖHNISCH, Lothar. **Sozialpädagogik der Lebenssalter. Eine Einfühung.** Weinheim, Munich: Juventa, 1999.

BRUM, Mara Lucia Teixeira. **Pedagogia Social em Pestalozzi**: Teoria e Prática Pedagógica. 2014. 106 p. Dissertação (Mestrado em Educação) – Programa de Pós-Graduação em Educação, Faculdade de Educação, Universidade Federal de Pelotas, Pelotas, 2014.

CABANAS, José Maria Quintana. **Educación Social**: Antologia de textos clássicos. Madrid: Ed. Narcea, 1994.

CAMBI, Franco. **História da Pedagogia**. São Paulo: Unesp, 1999.

COMPAYRÉ, Gabriel. Histoire de la Pedagogie. *In:* BRUSSON, Ferdinand (dir.). **Nouveau Dictionnaire de Pedagogie et d'Instruction Primaire.** Paris: Lib. Hachette, 1911.

DIESTERWEG, Friedrich Adolph Wilhelm. **Wegweiser zur Bildung für Deutsche Lehrer.** Berlim: Wentworth Press, 1890.

EBY, Frederick. Pestalozzi e o movimento da escola elementar. *In*: EBY, Frederick. **História da educação moderna.** Porto Alegre: Globo, 1976. p. 374-405.

GILES, Thomas Ranson. **História da Educação.** São Paulo: E.P.U., 1987.

HOLMAN, Henry. **Pestalozzi. An account of his life and work (1908).** Londres: Kessinger Publishing, 2010.

HUMBOLDT, Wilhelm V. **Gesammelte Werke (Obras reunidas).** Tradução de Hans Georg Flickinger. Berlin: Reprint, 1967. v. 1.

INCONTRI, Dora. **Pestalozzi**: Educação e Ética. São Paulo: Scipione, 1997.

KRÜSI, Hermann. **Pestalozzi**: His life, work, and influence. New York: American Book Company, 1875.

LOPES, José Luciano. **Pestalozzi e a Educação contemporânea.** Duque de Caxias: Associação Fluminense de Educação, Centro de Editoração e Jornalismo, 1981.

LUZURIAGA, Lorenzo. **Pedagogia Social e Política.** São Paulo: Nacional, 1960. v. 77.

SOETARD, Michel. **Johann Pestalozzi.** Recife: Massangana, 2010. Coleção Educadores.

SOETARD, Michel. A circulação das ideias pedagógicas: a necessária alteração dos conceitos e a perspectiva teórica de Pestalozzi na América do Norte. **Revista Educativa**, Goiânia, v. 12, n. 1, p. 11-29, jan./jun. 2009.

WÜRTH, Tiago. **Pestalozzi e a Pedagogia Social.** Canoas: Instituto Pestalozzi, 1971.

SIMÓN RODRÍGUEZ
(1771-1854)

SIMÓN RODRÍGUEZ: A EDUCAÇÃO SOCIAL COMO EDUCAÇÃO PÚBLICA UNIVERSAL

Telmo Adams
Roberta Soares da Rosa

Contexto histórico

A título de introdução, fazemos uma breve contextualização do referido período histórico para destacar que a segunda metade do século XVIII e as primeiras décadas do século XIX foram marcadas por acontecimentos de repercussão global como o Iluminismo (século XVIII),[16] a Revolução Industrial (a partir da segunda metade do século XVIII), a Revolução Francesa (1789-1799) e a Guerra de Independência dos Estados Unidos da América (1775-1783).

O que havia em termos de educação nas nascentes nações latino-americanas trazia a marca da hierarquização de acordo com as distintas camadas sociais e étnicas, embora já houvesse também a influência de aspirações das demandas alimentadas pelos ideais republicanos e necessidades da indústria nascente. As marcas das heranças coloniais estavam cunhadas no modelo educativo de então: havia escolas para ricos (brancos), outras para pobres, para mestiços e crianças de comunidades originárias; além de instituições que acolhiam crianças abandonadas. A educação de castas, excludente e patriarcal, tinha como finalidade geral o enquadramento à lógica da estrutura de exploração típica das relações colonialistas. Assim, garantia-se o regime de fornecimento das riquezas para a metrópole e o controle de todo e qualquer movimento que desejasse a independência.

Com o processo das independências, pode-se concluir que esse período histórico latino-americano se caracterizou por uma esquizofrenia entre as aspirações do Estado Moderno e do republicanismo que se firmava na Europa e nos Estados Unidos, de cujas teorias Simón Rodríguez, juntamente com Simón Bolívar, havia tomado conhecimento; e, de outro lado, as estruturas coloniais que exerciam determinações nesse contexto de muitas contradições.

---

[16] Também chamado de Ilustração, Século das Luzes, Esclarecimento, o Iluminismo defendia, entre outros valores, a centralidade da ciência, da razão; a liberdade, o progresso, tolerância contra todas as formas de dogmatismos religiosos ou políticos; a separação entre Igreja e Estado.

Os descendentes de espanhóis, denominados crioulos, em boa parte pertenciam à elite que integrava a classe dos grandes proprietários. Porém, como, em geral, também eram excluídos dos altos cargos da administração pública, seu descontentamento contribuiu no fomento dos movimentos pelas independências estimulados pelos ideais do pensamento iluminista. Todo esse contexto despertava um nacionalismo contrário ao domínio espanhol e português, articulando as insatisfações e aspirações que visavam a formar nações livres.

Contudo, mesmo com as independências[17], não se alterou a lógica das estruturas de desigualdade e dominação das sociedades coloniais. Para a maioria da população, a dominação, antes exercida pelos reis de Espanha e Portugal, agora passava para as mãos das elites crioulas. Ou seja, as sociedades mantiveram suas estruturas coloniais, sendo que os privilégios de poucos continuavam, de acordo com a estratificação social, realidade essa que repercutia negativamente em relação às exigências da participação política, condição para o avanço do almejado regime republicano.

De acordo com Paladines (2008), estamos diante de um aspecto original e radical de Rodríguez que detecta a reprodução de privilégios pelo critério da hereditariedade típico do sistema colonial, cujas heranças se prolongaram mesmo depois das independências e das abolições das escravaturas. Entre os principais aspectos estão a transmissão da tradição, da herança, da terra, da educação, das leis, dos costumes etc. Nesse sistema estabelecido, constitui-se dogma em que os mais velhos transmitem esse modo de ser uma sociedade inalterável, em que o sistema de relações não pode ser modificado, tal como um sistema de castas (Paladines, 2008).

Com a Constituição da Bolívia (1826), tem-se o registro de "uma tentativa de mudar essa situação e introduzir elementos modernos vinculados ao liberalismo político" (Duran; Kohan, 2016, p. 15) para construir sociedades de livre associação, com base nos princípios da liberdade e igualdade. Nesses aspectos, fundamenta-se a teoria rodrigueana de igualdade fundamental que articula inseparavelmente Educação Social/Popular/Republicana como condição para combater a ignorância (de todos e todas sem distinção de classes) que, por sua vez, era fator decisivo para chegar à formação das Sociedades Republicanas.

---

[17] Após guerras por vezes de vários anos, os países proclamaram suas independências: México (1810), Venezuela (1811), Paraguai (1811), Argentina (1816), Chile (1818), Colômbia (1819), Peru (1822), Província da Guatemala / América Central (1821), Brasil (1822), Uruguai (1825 — libertou-se do domínio brasileiro), Bolívia (1825), Equador (1830); a dos Estados Unidos da América foi em 1776.

Aspectos biográficos

Em relação a sua **história de vida** destacamos alguns aspectos significativos. Simón Narciso de Jesús Carreño Rodríguez nasceu em 28 de outubro de 1771[18] e, como criança enjeitada, foi criado por Caetano e Rosália Rodríguez e educado pelo tio, o Presbítero Carreño, de Caracas. Alfabetizado nesse ambiente doméstico, desenvolveu o gosto pela leitura na biblioteca do tio que era bem servida de autores da ilustração.

Em 1791, foi nomeado professor da Escola Pública de Primeiras Letras pelo Administrador da Capitania Geral da Venezuela[19] criada em 1777, tendo sob sua responsabilidade 114 alunos. Por considerar que nas escolas de então não havia um método de ensino, buscou criar seu próprio método com alunos acolhidos em sua própria casa, que acabou se tornando uma escola, onde exercitou um método novo, sem ser prisioneiro das regras estabelecidas. Nesse período, torna-se também o educador de Simón Bolívar, atendendo o garoto de 9 anos na casa da família, com inspiração nas ideias de Rousseau. Tavares (2013), a partir do estudo das obras completas de Simón Rodríguez, destaca que, num segundo momento, Bolívar frequentou sua Escola que atendia, ao mesmo tempo, filhos da aristocracia, crianças de famílias pobres, negras e índias, algo inédito para a época. Essa experiência, de "estudar com negros e índios, além de dividir o quarto, coisa até então impensável para um herdeiro crioulo" (Tavares, 2013, n.p.), possivelmente, foi crucial para a vida e as opções de Bolívar.

Em 1794, apresentou ao administrador um diagnóstico detalhado da educação em Caracas com proposições para a sua transformação: "Reflexiones sobre los defectos que vician la Escuela de Primeras Letras de Caracas y medio de lograr su reforma por un nuevo establecimiento". Tem sido considerado seu primeiro texto que, porém, não foi publicado na época[20].

---

[18] Em outras publicações de pesquisadores, como Linares (2019), considera-se que o ano do seu nascimento teria sido 1769.

[19] "Em 1777, a Venezuela foi elevada à Capitania Geral, com autoridade político-militar e, posteriormente, com poder judicial e administrativo" (Streck *et al.*, 2010, p. 55).

[20] "La obra permaneció inédita hasta 1946. Enrique Bernardo Núñez, cronista de la ciudad, la publicó en el Boletín de la Academia Nacional de la Historia, vol. XXIX, nº 115, Caracas, julio-septiembre de 1946, con una introducción del propio editor" (Rodríguez, 2016a, p. 19). O texto encontra-se nas páginas 20 a 40 das *Obras Completas* (2016).

Decepcionado com a não aceitação de suas ideias e a perseguição política, partiu para o exílio, assumindo o pseudônimo de Samuel Robinson[21]. Após um breve tempo na Jamaica, permaneceu três anos nos Estados Unidos, trabalhando e se aperfeiçoando na língua inglesa, partindo dali para a França em 1801, quando tinha 30 anos. Dedica-se à abertura de escolas para o ensino de espanhol e inglês e ao estudo de autores que vão contribuir para consolidar seu pensamento crítico. Por volta de 1804/1805, em Viena, encontra seu antigo discípulo e amigo Bolívar e continuam juntos a jornada de leitura e estudos passando pela Itália. Após um juramento no Monte Sacro, Bolívar volta à Venezuela para "libertar a pátria ou morrer, e Simón continua sua peregrinação pela Alemanha, Prússia, Polônia, Rússia, e Inglaterra, entre 1806 e 1823; sempre criando escolas e vivendo do seu trabalho (Duran; Kohan, 2016). Consta que possivelmente em 1821, em Londres, tenha se encontrado com Andrés Bello[22].

Após vinte anos de peregrinação na Europa, volta à América em 1823,[23] quando assume definitivamente seu engajamento militante no projeto de educação popular/social, intimamente ligado ao projeto político. Propõe-se a alfabetizar a população juntamente com o ensino de um ofício para formar cidadãos autônomos preparados para a participação política e produzir as condições de vida pelo trabalho.[24] Como ele mesmo descreve em carta endereçada a Francisco de Paula Otero em 10 de março de 1832 (Rodríguez, 2016a, p. 668):

> Yo dejé la Europa, (donde había vivido veinte años seguidos) por venir a encontrarme con Bolívar; no para que me protegiese, sino para que hiciese valer mis ideas a favor de la causa. Estas ideas eran (y serán siempre) emprender una educación popular, para dar ser a la República imaginaria que rueda en los libros, y en los Congresos. Con los hombres ya formados no se puede hacer sino lo que se está haciendo — desacreditar la causa social. El

---

[21] "Ele fica indignado e deixa o cargo, seguindo apenas com sua escola, em casa. Nesse meio tempo se engaja num movimento conspiratório pela independência que já existia em Caracas. O grupo é descoberto e Simón acaba fugindo para a Jamaica, onde troca de nome" (Tavares, 2013, n.p.). Dali seguiu para os Estados Unidos, onde permaneceu por três anos trabalhando em uma gráfica. Ali aprende a editar.

[22] Andrés Bello, filósofo, poeta e educador venezuelano, viveu por quase vinte anos na Inglaterra, sendo que, de 1829 a 1867, de volta à América, trabalhou na Universidade do Chile.

[23] Na Carta n.º1 endereçada a Simón Bolívar, por meio da qual se oferece para servir ao Libertador, anuncia, diante das dificuldades de chegar até onde está seu amigo: "Tengo muchas cosas escritas para nuestro país, y sería lástima que se perdiesen [...] (Rodríguez, 2016a, p. 664).

[24] Conforme Projeto de Educação Popular detalhado na Defensa de Bolívar (Rodríguez, 2016a, p. 244).

> año 23 llegué a Cartagena, subí a Bogotá, y allí, esperando a Bolívar por espacio de un año y medio, empecé mi establecimiento de educación en un Hospicio, bajo la protección de Santander.

Em 1825, como diretor do ensino público da recém fundada República da Bolívia, Rodríguez abre, em Chuquisaca, o Colégio de Órfãos e Meninos Carpinteiros, que acolhe todos os meninos e meninas da cidade. "Diferentemente do resto das Escolas americanas, que recebiam seus alunos de acordo com sua origem social, econômica e étnica, a escola de Rodríguez aceitava a todos como iguais, sem condições" (Durán; Kohan, 2016, p. 13).

Em 1834, convidado por um amigo, foi para o Chile trabalhar em uma pequena escola para colocar em prática seu método (Tavares, 2013). Com decepções também em Santiago e Valparaíso, onde mantinha uma escola e uma fábrica de velas, voltou novamente para Lima, onde permaneceu até 1843. Segue depois para ensinar na cidade de Latacunga (Equador), a convite de um velho amigo. Depois seguiu para a Colômbia outra vez, abrindo escolas por onde passava. Seu último trabalho foi novamente no Equador, onde permaneceu lecionando por três anos no Colégio São Vicente. Simón Rodríguez viu o sonho da "pátria grande" ruindo juntamente com seu projeto de educação. Deixa Arequipa e, em Lima, tenta recomeçar o trabalho com educação, mas também ali não foi bem aceito. Solitário, após um naufrágio, morreu no dia 28 de fevereiro de 1854, em Amotape, Peru. "Foram 83 anos de caminhada pelo mundo, incompreendido, amaldiçoado. Mas nunca traiu seus princípios" (Tavares, 2013, n.p.).

O que dizem do autor e quem diz

Durán e Kohan (2016) consideram que do período em que Rodríguez esteve fora da América se tem poucos registros: "[...] carecemos de dados certos sobre sua vida durante esses anos. Em função disso, só podemos dizer que Rodríguez foi um viajante incansável e que durante todo esse período ganhou a vida como professor de escola" (Durán; Kohan, 2016, p. 12). Mas os estudiosos do autor coincidem no fato de que "Simón Rodríguez pode ser caracterizado de múltiplas formas: gênio, louco, mestre inigualável, companheiro de Bolívar, viajante infatigável e republicano fervoroso" (Durán; Kohan, 2016, p. 14).

Rodriguez também é uma importante referência para o movimento sindicalista venezuelano, que o considera, juntamente com Ezequiel Zamora y Simón Bolívar, uma das "tres raíces revolucionarias originarias," já que defendiam a ideia de "povo legislador" alicerçada na participação popular (Untraelan, 2011).

García, Zerpa e Ramirez (2012) apontam a cidadania radical, a responsabilidade social do Estado e a educação social, voltada para o bem-estar social, como importantes contribuições de Rodriguez para a educação. Os autores o chamam de "Sócrates da América" por sua defesa da construção da república a partir dos cidadãos e a educação para a cidadania. Essa defesa não foi compreendida na época e contribuiu para que Rodriguez fosse chamado de louco: "Rodríguez ofrece, a quien esté dispuesto a escucharlo, un pensamiento envuelto en principios de libertad, igualdad y justicia vivenciado entre los ciudadanos y entre éstos y los gobiernos" (García; Zerpa; Ramirez, 2012, p. 36).

Atualmente a ideia de desenvolvimento da cidadania é reconhecida como um princípio importante para o fortalecimento da república e da democracia, o que confirma a defesa de García, Zerpa e Ramirez (2012) de que Rodriguez foi chamado de louco devido a seu pensamento ousado para a época. Nessa mesma linha, os autores destacam que Rodriguez já defendia princípios como justiça social, igualdade, proteção social do Estado e liberdade de pensamento, princípios que hoje são defendidos e trabalhados por organizações de defesa dos Direitos Humanos como a Organização das Nações Unidas (ONU), por exemplo.

Como estudiosos da obra de Simón Rodríguez, destacamos um excerto representativo de Pablo Imen e José Gregório Linares:

> El mérito de Robinson (Simón Rodríguez) fue poner en marcha propuestas pedagógicas emancipadoras en un tiempo histórico de aires y conquistas libertarias, en el que las corrientes más avanzadas y revolucionarias fueron finalmente derrotadas hasta nuevo aviso. Un elemento que lo diferencia de otras experiencias es que sus ideas emergen de su acción. Es decir que pudo superar cierta disociación que registramos entre "prácticos" y "teóricos" generando teoría de una enorme riqueza que emerge de la acción y que enriquece dicha acción. Era, en efecto, un maestro que generó prácticas enteramente novedosas, y que, además de crearlas, reflexionó y escribió sobre sus fundamentos y sus proyecciones (Imen, 2013, p. 63).

> Simón Rodríguez denunció a fondo los vicios de la sociedad postcolonial latinoamericana (la esclavitud de los descendientes de africanos, la servidumbre indígena, la exclusión de los mestizos, el abandono a los niños), incluyendo a las sociedades monárquicas y republicanas estadounidense y europea (el tráfico de esclavos y la esclavitud, la sobreexplotación de los obreros en las sociedades industriales, las deprimentes condiciones de vida de los pobres). Su rechazo a estas injusticias sociales lo llevó a declinar estos proyectos políticos elaborados tanto por las Monarquías colonialistas como por las Repúblicas elitistas, pues consideró que estos no son deseables para nuestro Continente y nuestro pueblo (Linares, 2019, p. 94).

Com esses breves registros, enfatizamos que o pensamento de Rodríguez é valorizado em espaços acadêmicos, mas também junto a movimentos e organizações sociais de cunho emancipador, o que tem a ver com a abrangência das temáticas que encontramos nos escritos do autor.

Principais obras

Apresentamos aqui algumas obras que selecionamos, seguindo o critério cronológico:

1. *Estado actual de la escuela y nuevo establecimiento de ella* (seu primeiro escrito, divulgado em 1794). *Reflexiones sobre los defectos que vician la Escuela de Primeras Letras de Caracas y medio de lograr su reforma por un nuevo establecimiento y, Reflexiones sobre el estado actual de la Escuela y nuevo establecimiento de ella*. Trata de um diagnóstico crítico que realizou em relação à Escuela de Primeras Letras de Caracas, apresentado ao Cabildo de Caracas (Rodríguez, 2016a, p. 17-40).

2. *Sociedades Americanas* – Cómo serán y cómo podrían ser en los siglos venideros (1828 — publicação do prólogo em Arequipa — Peru [p. 45-90]; e, em 1842 — publicação completa em Lima), em que traz as principais ideias do agir pedagógico (Rodríguez, 2016a, 415-516).

3. *Defensa de Bolívar – El Libertador del mediodía de América y sus compañeros de armas defendidos por un amigo de la causa social* (1830), considerada a mais extensa produção rodrigueana (Rodríguez, 2016a, p. 117-149).

4. *Luces y virtudes sociales* (1840) constituiu-se como uma introdução a *Sociedades Americanas*, destacando as virtudes sociais necessárias para a vida republicana, na certeza de que cabe à educação social superar a ignorância que se encontra nas classes inferior, média e superior e que (a ignorância) é a causa da lentidão do avanço para uma sociedade republicana (Rodríguez, 2016a, p. 335-414).

5. *Extracto sucinto de mi obra sobre la educación republicana* (1849), publicado em Bogotá, em que reafirma características e critérios de seu projeto educativo ao governador da província colombina de Túquerres (Rodríguez, 2016a, p. 559-594).

6. *Consejos de amigo Dados al Colejio de Latacunga*, publicado pela primeira vez em 1954, em Quito (escrito entre 1851-54, em Latacunga, Equador) (Rodríguez, 2016a, p. 595-660).

Dessas obras, algumas versam mais diretamente sobre a questão educativa, motivo pelo qual as valorizamos no presente texto. Há outras, aqui não mencionadas, mais voltadas para questões como política, arquitetura, cartas diversas, as quais igualmente compõem suas *Obras Completas*.

Em relação a pensadores que tenham inspirado Simón Rodríguez, aparecem mencionados mais diretamente os autores franceses do iluminismo e os mais influentes na Revolução Francesa. Entre eles, podem ser mencionados Montesquieu, Voltaire e Rousseau. Teve acesso também a outros escritos relacionados ao processo de Independência dos Estados Unidos da América (Tavares, 2013). É provável que em sua passagem por esse país tenha também lido autores norte-americanos e ingleses, apesar de não haver registros objetivos.

De acordo com Linares (2019, p. 94), Rodríguez conheceu as ideias de alguns dos socialistas que Marx (1818-1883)[25] vai denominar utópicos, como Henri de Saint Simon (1760-1825), Robert Owen (1771-1858), Charles Fourier (1772-1837) y Étienne Cabet (1788-1856). Destaca que, a partir de afirmações explícitas na obra, é possível concluir que Rodríguez tenha lido autores importantes da filosofia, inclusive os gregos. "En vez de pensar

---

[25] Vale observar que, antes de Marx ter publicado seu primeiro livro com Engels — o *Manifesto Comunista*, em 1848, na Inglaterra —, Simón Rodríguez, juntamente com a importância da educação, "consideró que en la esfera económica está el fundamento de cualquier transformación, por tanto, hay que suplantar la "Economía Individual" por la "Economía Social" (Linares, 2019, p. 97).

en Medos, en Persas, en Egipcios, pensemos en los Indios" (Rodríguez, 2016a, p. 341). Essa afirmação está a indicar que detinha, igualmente, conhecimento sobre o pensamento daqueles povos.

Principais conceitos que sua obra aborda

Igualdade como princípio fundamental constitui-se uma referência para a compreensão e prática de uma educação igual para todos, sem distinção de classe; assim como deveria incluir as mulheres "para que elas não se prostituíssem por necessidade, nem buscassem o casamento para garantir sobrevivência"[26]. Se a proposta era a república, com a educação queria formar pessoas livres, capazes de pensar e assim superar a ignorância que impedia a prática da verdadeira república.

Educação social significava para Rodríguez a educação pública, universal, igual para todos, com atenção prioritária aos marginalizados. Essa concepção tinha inspiração na ideia de educação republicana, mas era distinta da que era assim designada, porém voltada unicamente para as elites. A educação social ou popular tinha como objetivo a formação de cidadãos pensantes, imbuídos de valores do bem comum, do espírito coletivo, condição necessária para a vida democrática em sociedade. Para tanto, articula o ensino da arte, da ciência e do ofício.

> Piénsese en las cualidades que constituyen la Sociabilidad, y se verá que, los hombres deben prepararse al goce de la ciudadanía, con 4 especies de conocimientos: por consiguiente, que han de recibir especies de instrucción en su 1ª. y 2ª. edad: a) instrucción social para hacer una nación prudente; b) corporal para hacerla fuerte; c) técnica para hacerla experta; d) científica para hacerla pensadora.
> Con estos conocimientos prueba el hombre que es *animal racional*: sin ellos, es un *animal*, diferente de los demás seres vivientes, solo por la superioridad de su instinto. no será ciudadano el que para el año de tantos no sepa leer y escribir (Rodríguez, 2016a, p. 365-366).

Instrução e educação. Para ele, instruir não é educar, nem instrução pode ser equivalente à educação, ainda que instruindo se eduque. Por isso em seu Plano de Educação Popular descreve na Defensa de Bolívar:

---

[26] "[...] para que no se prostituyesen por necesidad, ni hiciesen del matrimonio una especulación para asegurar su subsistencia" (Rodríguez, 2016, p. 252).

> Expidió un decreto para que se recojiesen los niños pobres de ambos sexos... nó en Casas de misericordia á hilar por cuenta del Estado — no en Conventos á rogar á Dios por sus bienhechores — no en Cárceles á purgar la miseria ó los vicios de sus padres — no en Hospicios,[27] a pasar sus primeros años aprendiendo a servir, para merecer la preferencia de ser vendidos, a los que buscan criados fieles ó esposas inocentes (Rodríguez, 2016a, p. 251).

Quando se refere à "Instrução Pública", compreende o Sistema Público de Educação — geral (universal), laico e obrigatório, de responsabilidade do Estado. Criticando o sistema de educação excludente da época, afirma que "[...] la Instrucción que ahora se llama, con tanta impropiedad, pública, lo será efectivamente, haciéndose general... sin excepción entonces será SOCIAL" (Rodríguez, 2016a, p. 367). E conclui que o tesouro das repúblicas deve ser a Educação POPULAR.

Imitar-inventar: para Rodríguez, um efeito da ignorância é a imitação. Inventar significa encontrar a razão "y esta la halláron en su suelo, en la índole de sus jentes, en el estado de las costumbres y en el de los conocimientos con que debían contar" (Rodríguez, 2016a, p. 367). Para ele, ou inventamos ou erramos. Escreveu isso no contexto de sua crítica ao regime da escravidão como coisa proporcionada pela Inglaterra e Estados Unidos, prática que a América do Sul tinha em comum. Diante da apregoada necessidade de se ter escravos para cultivar a terra — ideia mãe; e diante das ideias filhas —, em relação aos meios de animar o trabalho (processo produtivo com base na exploração do trabalho alheio), afirma: "Dónde iremos a buscar modelos?... La América Española es orijinal = orijinales han de ser sus Instituciones i su Gobierno = i orijinales los medios de fundar uno i otro. O Inventamos o Erramos" (Rodríguez, 2016a, p. 459). Em decorrência, em seu projeto educativo propõe que, apesar de que não se tenha ouvido falar em Escola Social na Europa naquela época, defende-a para a nossa América, pois a nossa realidade a exige: "la América no debe imitar servilmente, sino ser original" (Rodríguez, 2016a, p. 572).

Curiosidade e conhecimento: para essa abordagem da curiosidade, como vemos, a curiosidade epistemológica não foi inédita em Paulo Freire, a não ser no enfoque dado por ele.

---

[27] Os "hospícios", que na língua portuguesa têm sido designados como orfanatos ou mesmo hospitais de caridade, eram casas públicas ou mantidas pelos cidadãos onde pessoas pobres, especificamente, crianças pobres e órfãs eram recolhidas, mantidas e educadas (*cf.* https://educalingo.com/pt/dic-es/hospicio).

> La curiosidad es una fuerza mental que se opone a la ignorancia (no se entra en la cuestión fisiológica, por no extender el discurso más allá de los límites de una introducción). La curiosidad es el motor del saber, y cada conocimiento un móvil para llevar á otro conocimiento. De unos errores pueden nacer otros, y conducir en direcciones opuestas... al sublime saber o á la crasa ignorancia (Rodríguez, 2016a, p. 359).

A relação do autor com a educação/pedagogia social

Para compreender o projeto de educação social/popular de Simón Rodríguez, entendemos ser de fundamental importância que partamos de suas concepções, da radicalidade ética e política de suas convicções frente às demandas sociais emergentes após os desgastes com as guerras de independência. Para ele, além da emancipação política, muitas outras áreas deveriam ser resgatadas. Tendo conhecido o pensamento ilustrado europeu, torna-se um crítico da razão ilustrada, visto que esta não faz a mediação da implementação da obra de educação social. Explicita uma visão crítica em relação à ordem colonial em lenta decomposição, mas também em relação à nova ordem em construção. Assume como seu princípio, a igualdade fundamental quando reúne na mesma sala de aula crianças sem distinção alguma.

Referimo-nos ao projeto da Escola de Chuquisaca (Bolívia), onde Rodríguez colocou em prática os anseios revolucionários da época: a formação de cidadãos para a sociedade republicana (Imen, 2013). Em seu projeto de uma escola de iguais que assume a igualdade como um princípio fundante, "se diluem as desigualdades que estruturam a sociedade hierarquizada" (Durán; Kohan, 2016, p. 19).

Nomeado ministro da Educação, paralelamente à preparação de um plano de educação para a república nascente, criou uma escola para jovens que pode ser considerada como um dos projetos educativos mais radicais e originais (Durán, 2017), um modelo proposto a ser replicado em toda a região. "De acuerdo al maestro los niños no iban a la escuela para tornarse iguales sino al contrario, iban a la escuela porque eran iguales" (Duran, 2017, p. 3, Nota 1).

Mas as elites se fortaleceram no pós-independência na manutenção de seus privilégios, valendo-se do legalismo moral submisso às hierarquias, potencializado com a utilização da religião como meio ideológico de dominação (Paladines, 2008). Como consequência, Simón foi perseguido pelas oligarquias crioulas. Não resistindo aos ataques, apresentou sua renúncia do cargo e seguiu sua jornada passando pelo Chile, Equador, Colômbia e Peru.

Seu conceito de educação social/popular/republicana[28] está assentado em sua crítica ao sistema estamental que vinha se reproduzindo historicamente desde o colonialismo, o que, segundo Rodríguez, constitui um empecilho à república. Em direção contrária a essa realidade, fundamenta o princípio da igualdade fundamental, que inclui a real possibilidade de uma educação pública para todos, voltada para a dimensão social como alternativa à educação testamentária. Assinala, ainda, Paladines (2008) que o ensino testamentário já circunscrevia ao que Paulo Freire atribuiu à educação bancária por: promover a perda da identidade cultural com um conteúdo não adaptado às necessidades dos estudantes e da comunidade; empregar metodologias passivas, rígidas, autoritárias, de memorização sem articulação com a prática; um ensino ideologicamente conservador voltado à manutenção do status das elites dominantes.

Nesse sentido, de acordo com Paladines (2008), Rodríguez assume a educação social, com orientações centrais, tais como:

- a educação com foco nas crianças pobres, mais as indígenas do que outras, priorizando a educação primária e secundária;
- adesão ao postulado do Estado-Educador que deve assumir a responsabilidade de uma educação republicana, laica, pública e universal;
- afirmação do processo de democratização ou ampliação da educação, com base no conteúdo social, sem favorecer a privilegiados; nesse sentido, assume o caráter republicano em oposição às heranças da monarquia que mantinham sua marca testamentária com a manutenção das desigualdades sociais;
- transformação dos centros educativos em unidades de experimentação e produção, oportunizando a relação com a natureza, incorporando os estudos da vida familiar, social e o aprendizado para a produção do necessário para viver, o que indica um novo modo de vida e trabalho;

---

[28] "Rodríguez utiliza indistintamente tres denominaciones a propósito de su proyecto educativo: educación social, educación republicana y, en algunas ocasiones, educación popular, términos a los que recurre profusamente. Nosotros hemos optado por bautizar a su proyecto con el nombre de *"Educación social"*, por cuanto las otras denominaciones descansan en esta, criterio que lo avala el mismo Rodríguez en diferentes ocasiones" (Paladines, 2008, nota 21).

- criação de espaços de educação para adultos, na perspectiva de uma outra ordem sob novos parâmetros na busca de uma prática comunitária e novas formas de vida que deveriam ampliar-se processualmente;
- valorização da experiência de vida dos estudantes como mediação pedagógica, conformando os conteúdos a partir de suas bagagens (saberes, vivências...), aspecto central nos princípios da educação popular.

No texto *Em Defesa de Bolívar* sintetiza a finalidade de seu projeto de Educação Popular: alfabetizar a população e ensinar um ofício que permita cada qual a autonomia e autossustento, que inclui: "alimentar-se, vestir-se, alojar-se, curar-se e distrair-se" (Rodríguez, 2016b, p. 186). Em *Conselhos de amigo dados ao Colégio de Latacunga*, dá indicativos de uma educação social libertadora que articula teoria com a prática. Propõe detalhadamente o Atelier o objetivo de preparar para a iniciativa, criatividade, autonomia, atitude crítica afim de que os educandos não façam o que enxergam todos fazerem "porque não são macacos para imitar sem crítica, nem cata-ventos para se mover a todos os ventos" (Rodríguez, 2016b, p. 236). Segundo o autor, ali aprendem a não ofender, a fazer o bem.

Considerações finais

Acesso universal à educação, educação cidadã, educação crítica, justiça social, liberdade, igualdade, estão presentes na obra de Simón Rodríguez. Como um pensador à frente de seu tempo, defende ideais que hoje compreendemos como essenciais de uma democracia participativa, mas que em sua época eram ousados para uma república em construção.

Educação social, popular ou republicana radica sua base na crítica ao sistema estamental historicamente reproduzido desde o colonialismo. Como alternativa radical à educação estamental voltada para a manutenção dos privilégios, assume o princípio da igualdade fundamental ao propor uma educação pública para todos e todas, voltada à dimensão social. Conclui que a educação é social quando se volta ao coletivo, pois "o único meio de estabelecer a boa inteligência é fazer com que TODOS PENSEM no bem comum e que esse bem comum é a REPÚBLICA" (Rodríguez, 2016b, p. 116).

Como sintetiza Imen (2013), essa construção, mesmo que tenha como foco uma educação universal, seu fundamento e ponto de partida eram os que sofrem o estigma da miséria: os excluídos, discriminados pela cultura dominante.

Simón Rodríguez foi e continua sendo reconhecido como uma importante fonte da Pedagogia Latino-Americana e sua contribuição para a pedagogia social e educação social contém um potencial robusto. Como foi possível aprender neste estudo, Rodriguez buscou, por meio da educação e da política, diminuir as desigualdades, fortalecer a solidariedade, o desenvolvimento comunitário e o pensamento crítico, com o objetivo de superar as desigualdades sociais. Enfrentar as desigualdades e vulnerabilidades sociais coincide com os propósitos do que compreendemos hoje como educação/pedagogia social.

Referências

DURÁN, Maximiliano; KOHAN, Walter. Apresentação. Porque ler Simón Rodríguez? Para que traduzi-lo para o português? Por que Inventamos ou erramos? *In:* RODRÍGUEZ, Simón. **Inventamos ou erramos.** Tradução de Cinthia Fernandes; apresentação e notas de Maximiliano Durán e Walter Kohan. 1. ed. Belo Horizonte: Autêntica Editora, 2016, p. 7-29 (Coleção Educação: Experiência e Sentido).

DURÁN, Maximiliano; Simón Rodríguez y Bolívar: dos lecturas político educativas para América. **Revista Brasileira de Educação**, v. 22, n. 71, 2017. Disponível em: https://www.scielo.br/j/rbedu/a/XDHFGJbZTsRpvNBKFKk455N/?lang=es. Acesso em: 17 jun. 2021.

GARCÍA, Gladys; ZERPA, Carlos E.; RAMÍREZ, Jorge J. El pensamiento político de Simón Rodríguez y su visión de ciudadanía. *In:* RAMÍREZ, Ysrael O. Márquez; ASENCIÓN, José G. Viloria (org.) **Pensamiento Sociopolitico y Educativo de Simón Rodriguez.** Caracas: Fundación Universitaria Andaluza Inca Garsilaso, 2012. p. 28-37.

IMEN, Pablo. **Educación Rodrigueana para el Socialismo del Siglo XXI**. Buenos Aires: Centro Cultural de la Cooperación Floreal Gorini, 2013. Disponível em: http://biblioteca.clacso.edu.ar/clacso/se/20190927040755/Educacion_Rodrigueana_para_el_Socialismo.pdf. Acesso em: 9 jun. 2021.

LINARES, José Gregorio. Simón Rodríguez: Epistemología y proyecto político. *In:* ROJAS OLAYA, Alí Ramón. **Entre la independencia y la libertad**. 1. ed., v. 1.

Caracas-Venezuela: UNEXCA, 2019, p. 87-111 (Colección Luces y Virtudes Sociales). Disponível em: https://tvlecturas.files.wordpress.com/2019/10/entre-la-independencia-y-la-libertadarte-final-3.pdf. Acesso em: 9 jun. 2021.

PALADINES, Carlos. Simón Rodríguez: el proyecto de una "educación social". **Educere**, v. 12, n. 40, p. 159-169, 2008. Disponível em: https://www.redalyc.org/articulo.oa?id=35604020. Acesso em: 17 jun. 2021.

RODRÍGUEZ, Simón. **Simón Rodríguez. Obras Completas.** Venezuela: Universidad Nacional Experimental Simón Rodríguez, 2016a. Disponível em: http://biblioteca.clacso.edu.ar/clacso/se/20190926042843/Simon_Rodriguez_Obras_Completas.pdf. Acesso em: 9 jun. 2021.

RODRÍGUEZ, Simón. **Inventamos ou erramos.** Tradução de Cinthia Fernandes. Apresentação e notas de Maximiliano Durán e Walter Kohan. Belo Horizonte: Autêntica, 2016b. Ebook disponível em: https://grupoautentica.com.br/autentica/livros/inventamos-ou-erramos/1342. Acesso em: 9 jun. 2021.

STRECK, Danilo; ADAMS, Telmo; MORETTI, Cheron Z. Simón Rodríguez, crítico da imitação. *In:* STRECK, Danilo Romeu (org.). **Fontes da pedagogia latinoamericana**: uma antologia. Belo Horizonte: Autêntica Editora, 2010. p. 55-69

TAVARES, Elaine. **Simón Rodríguez:** plantador de uma nova América. IELA, UFSC, 2013. Disponível em: https://iela.ufsc.br/noticia/simon-rodriguez-plantador-de-uma-nova-america. Acesso em: 21 jun. 2021.

UNTRAELA. Sindicato Bolivariano de la Asamblea Nacional. **Boletin informativo,** ano 6, n. 17, dez. 2011.

PAUL GERHARD NATORP
(1854-1924)

PAUL NATORP: O PRECURSOR DA EPISTEMOLOGIA DA PEDAGOGIA SOCIAL

Érico Ribas Machado
Suzete Terezinha Orzechowski

Biografia

Paul Gerhard Natorp – considerado o precursor filosófico da Pedagogia Social, nasceu na Alemanha, na cidade de Düsseldorf, no dia 24 de janeiro de 1854, e faleceu em Marburg, no dia 17 de agosto de 1924, filho do ministro protestante Adelbert Natorp e sua esposa Emilie Keller. Estudou música (era compositor profissional), história, filologia clássica e filosofia em Berlim, Bonn e Estrasburgo. Em 1887 ele se casou com sua prima Helene Natorp; com quem teve cinco filhos.

Nos seus 70 anos de vida, foi considerado profundo conhecedor e intérprete das obras de Platão, como também um dos cofundadores da escola neokantiana da Universidade de Marburg, e produziu importantes conhecimentos sobre os grupos humanos, tais como: Tese: *Erkenntnistheorie de Descartes. Eine Studie zur Vorgeschichte des Kriticismus* (1882); *Sozialpädagogik* (1899); *Logik in Leitsätzen* (1904); *Gesammelte Abhandlungen zur Sozialpädagogik* (3 volumes, 1907); *Pestalozzi. Leben und Lehre* (1909); *Die logischen Grundlagen der exakten Wissenschaften* (1910); *Filosofia; ihr Problem und ihre Probleme* (1911); *Sozialidealismus* (1920); *Beethoven e wir* (1920); *Platos Ideenlehre* (1921); *Academia Verlag* (1979).

Dentre os muitos conhecimentos elaborados pelo autor, cabe-nos abordar sua contribuição para o estabelecimento de *status* filosófico e epistemológico que inaugura a área da Pedagogia Social, por meio de sua obra prima *Sozialpädagogik: Theorie der Willenserziehung auf der Grundlage der Gemeinschaft* (Pedagogia Social: teoria da educação da vontade sob a base da comunidade), publicada em 1899. Essa reflexão inspira-se na tradução para o espanhol, datada de 1913, *Pedagogía Social: teoria de la educación de la voluntad*.

O pensamento de Natorp parte das considerações de Cohen, de uma posição idealista, que postula a absoluta identidade entre ser e pensar. Entretanto busca uma identidade de unidade entre pensamento e ação fundamentada na consciência ética da convivência comunitária. Natorp desenvolve o estudo de uma pedagogia social que busca investigar uma das condições fundamentais da estrutura da consciência; a correlação indissolúvel entre o individual e o social. Segundo Natorp, essa pedagogia conduz à formulação de uma ética calcada no social, afirmando o fundamento coletivo da noção de bem. E embora o bem seja uma busca individual, em contrapartida só acontece quando reconhecido nos outros e /ou pelos outros, por isso a vida comunitária ganha destaque na consolidação da ética a partir do coletivo. Assim se ultrapassa o bem em seu âmbito subjetivo e promove a existência do ser e da consciência em um contexto social normativo. As normas se fazem base para agir e compartilhar a vida em comunidade.

No texto aqui apresentado tomamos por base os estudos de Natorp sobre Platão e Pestalozzi, buscando compreender seus fundamentos balizadores da vida comunitária, que foi seu eixo principal, conforme os estudos apresentados em dissertação atual de Oliveira (2023):

> Na teoria de Paul Natorp, a comunidade é uma questão central. O ser humano só se faz humano, em contato com a comunidade e para isso a importância da formação. "Aqui, a reciprocidade e o entrelaçamento, entre sujeito e comunidade, entre cidadão e estado, entre fundamentação filosófica e a realização pedagógico política tornam-se mais visíveis." (Gniss, 1997, p. 83). Não obstante, a diferença de sua teoria para com as comunidades religiosas torna-se evidente quando percebemos que enquanto a comunidade para Natorp, só seria com igualdade, as comunidades religiosas baseavam-se na hierarquia e na obediência (Oliveira, 2023, p. 92).

Interessante recorrer aos fundamentos de Natorp para compreender essa dimensão social a partir da vida em comunidade sem perder a identidade e garantir a consolidação do ser mais, descrito por Paulo Freire na contemporaneidade. É importante esclarecer aos leitores que o foco deste texto é a construção do pensamento de Paul Natorp sobre a Pedagogia Social.

Suas bases epistemológicas para a Pedagogia Social

É importante compreender o percurso epistemológico da área da pedagogia, como ciência da educação, por meio de pensadores clássicos e suas contribuições sobre os processos culturais e sociais que forjam os grupos humanos e suas maneiras de existir neste mundo.

As ideias de Sócrates, registradas nos diálogos de Platão, datam do período por volta de 300 a.c. Esses conhecimentos fundantes do pensamento ocidental inspiraram autores idealistas, fundamentais para embasar o pensamento sobre a Educação. Destacam-se Jean-Jacques Rousseau (Genebra, 28 de junho de 1712 – Ermenonville, 2 de julho de 1778); Johann Heinrich Pestalozzi (Zurique, 12 de janeiro de 1746 – Brugg, 17 de fevereiro de 1827) Immanuel Kant (Königsberg, 22 de abril de 1724 – 12 de fevereiro de 1804. Estes influenciaram o pensamento de Paul Natorp.

A partir da descoberta que possibilitou o encontro com o fragmento dos anais da Junta para ampliação de estudos e investigações científicas de 1911, a leitura do texto "O Fundamento científico da Pedagogia Social em Natorp", escrito por Fernando Del Río Urruti, reafirma-se a necessidade de aprofundar reflexões. As ideias elaboradas por Natorp, trabalhadas nos referidos fragmentos, buscam conexões com as práticas socioeducativas e socioculturais. Estas se fazem explicitadas em diferentes contextos, com a perspectiva de processos educativos que acontecem a partir da comunidade.

A Pedagogia Social como concepção teórico-prática, segundo Urruti (1911), tem com Paul Natorp fundamentos em Pestalozzi e Platão para criar uma unidade de consciência cultural e educativa. Na obra do pedagogo alemão que inspira esta reflexão, Natorp apresenta com propriedade filosófica o processo educacional que ocorre no princípio da intencionalidade, ou deveria. Uma vontade desejada, almejada, deliberada e planejada. Nesse contexto, a educação é uma ação sobre o vir-a-ser, sendo, em que se prioriza a práxis pedagógica imbricada com a realidade sociocultural onde se inserem os homens e mulheres. Além disso, o conceito de Pedagogia se funde ao conceito de educação.

A pedagogia que traz uma carga de intencionalidade se funde a um contexto educacional de cada comunidade, portanto uma educação impregnada de sentidos, significados, subjetividades e elaborações existenciais que se processam entre os sujeitos protagonistas da vida.

A comunidade é reflexo das interações e intenções dos sujeitos que nela se fazem e a fazem existir, porque ao dizer de suas realidades e de suas identidades, promovem um lugar de fala. Assim, a fala, a palavra, também identifica cada sujeito e sua comunidade.

As reflexões apresentam uma análise consubstanciada em Platão com o mito do cocheiro e os dois cavalos alados, e em Pestalozzi com a ideia de uma educação forjada no desenvolvimento das sensações e percepções traduzidas por ele na tríade: cognição (cabeça), coração (emoções e moral) e mãos (corpo em atividade). Essa alegoria faz sentido nos estudos de Natorp, quando propõe a Pedagogia Social fundamentada no desenvolvimento existencial dos sujeitos inseridos na comunidade. Vejamos que a descrição do grande circuito realizado pela biga[29] conduzida por almas que buscam um equilíbrio entre os dois cavalos se projeta em uma grande composição que identifica a essência de cada alma. Essa essência está sujeita às substâncias que se misturam e se afetam, compondo uma amálgama que identificará cada alma, na alegoria representada pelo condutor da biga. Cada alma, diante da necessidade de controlar cada cavalo para sua biga (sua vida), segue o melhor e/ou o que deverá ser eleito pela sua vontade e, nesse processo, terá muitos desafios. Estabelecer o que é melhor e mais adequado nem sempre atenderá à vontade.

Existem situações em que a vontade do SER não é atendida e a necessidade do DEVER SER atende de forma mais adequada o desejo de SER MAIS. A vontade é identificada com o íntimo, ou seja, o SER. As necessidades a serem atendidas se identificam com a realidade externa ao SER, ou seja, a realidade concreta da comunidade onde o SER se insere. Essas necessidades relacionam-se ao DEVER SER, estão para além das vontades do sujeito e habitam as subjetividades no espaço/comunidade.

Daí que a identidade pessoal vai se construindo mediante o controle que cada pessoa teria sobre os dois cavalos. Na representação de Platão, um dos cavalos é um belo animal e segue o caminho sem resistências, de acordo com o que deve ser, é iluminado. O outro cavalo é mal, sem brilho e amante dos excessos; a teimosia e a rebeldia o fazem um cavalo difícil. O homem que guia a biga deve conduzir sua alma para a luz. Quando observamos essa alegoria de Platão sob a luz da racionalidade, o homem conduz sua existência entre os desafios em dominar a si mesmo diante de necessidades e possibilidades da realidade onde se insere.

Caberia a cada pessoa conduzir sua vida conforme o que se elege como válido, mas diante dos demais seres isso seria um triunfo? Qual é o valor sobre o desejo, a vontade que cada SER projeta como meta e se impele às ações consideradas mais adequadas para o seu DEVER SER, SENDO? Nas respostas busca-se um equilíbrio necessário e importante.

Também na alegoria de Platão se projetam imagens em que o condutor da biga possa estar em segurança. Portanto, a busca está no exercício do autocontrole. Esse equilíbrio desejável anima o SER para o DEVER

---

[29] Tipo de carroça de duas rodas (com apenas um condutor) usada pelos romanos em corridas com cavalos.

SER, SENDO, pois o dever ser se encontra "na unidade da consciência da cultura" (Urruti, 1911, p. 4). Desse modo, é possível identificar que o SER busca um acordo com o DEVER SER que está na cultura, processo concreto construído na e pela comunidade.

Na sequência epistemológica da construção do pensamento de Natorp, é importante indicar que Pestalozzi inspira as reflexões de Kant e este as reflexões de Paul Natorp. A orientação fenomenológica e interpretativa da Pedagogia Social encontra sua gênesis no idealismo de Kant, que foi quem argumentou que "a realidade social existe na ideia antes que nas ações concretas". Para o autor, a fenomenologia social recorre a esse princípio e o interpretativismo simbólico a converteu em uma de suas bases fundamentais. Para ele, a fenomenologia considera a pessoa como um ser que tem e que produz em sua mente muitas imagens, algumas das quais acabam tendo formas concretas e outras não chegam a concretizar-se.

Carreras (1997) complementa que o homem, em seu contexto cultural, compartilha, por meio da interação com seus semelhantes, essas imagens e entra em consenso, dá-lhes um significado que é compartilhado, cria uma realidade, constrói por meio da comunicação. Ele explica que a realidade educativa como ideia, tanto para Natorp como para Kant, é uma criação dos homens que aparece de acordo com suas interpretações.

Para compreender um pouco mais dessa fundamentação que orientou o surgimento da Pedagogia Social na teoria de Natorp, é importante apresentar o contexto social em que Kant e Pestalozzi viviam bem como seus conceitos básicos. Luzuriaga (1984, p. 174) chama a atenção para o fato de que a Revolução Francesa produz extraordinário efeito no desenvolvimento de atividades e das teorias desses dois nomes importantes. Immanuel Kant, assim como outros professores de filosofia das universidades alemãs (Herbart, Fichte e Schleiermacher), ministrou aulas na pedagogia, produzindo dessa forma escritos sobre a educação.

O autor relata que a contribuição de Kant para a educação é apenas teórica. Sua teoria recebeu influências de Jean-Jacques Rousseau e de Basedow. Explica que para Kant, a educação é tão importante que "unicamente pela educação o homem pode chegar a ser homem. Não é se não aquilo que a educação faz" e complementa: "Na educação está o grande segredo da natureza humana" (Kant *apud* Luzuriaga, 1984, p. 172). Afirma que, para Kant, a razão está em que as disposições do homem não se desenvolvem por si mesmas, elas devem ser desenvolvidas.

Segundo seus estudos, Kant divide a educação em: disciplina, cultura, civilidade e moralidade. Essa é a finalidade da educação para o renomado filósofo.

Kant distingue dois aspectos em relação à educação: os cuidados, que tem a ver com a parte física, e a formação, que é relacionada à parte espiritual, ao "interior" do indivíduo. Para Kant, segundo Luzuriaga (1984, p. 173), a educação deve ser comprovada.

Sob forte influência de Rousseau, sua ênfase é na educação física e moral, mais que a intelectual. Para Kant, a criança não é por natureza boa ou má: o que ela será deve-se à educação, assim essa adquire lugar importante em sua concepção de homem. Segundo o autor, Kant defende o princípio da atividade na educação: "É da maior importância que as crianças aprendam a trabalhar [...] E onde melhor que na escola deve cultivar-se a afeição ao trabalho?".

Cabe destacar mais um aspecto importante da visão educacional de Kant: ele é partidário da educação religiosa, mas extraconfessional. "Cumpre olhar por que se não desconsiderem os homens pelas religiões, pois, apesar da diversidade delas, há uma unidade de religião" (Kant *apud* Luzuriaga, 1984, p. 173).

No trecho a seguir, retirado do texto "Sobre Pedagogía", com tradução de Luzuriaga (1999), Kant demonstra sua concepção em relação ao homem e a educação:

> Únicamente por la educación el hombre puede llegar a ser hombre. No es, sino lo que la educación le hace ser. Se ha de observar que el hombre no es educado más que por hombres, que igualmente están educados. De aquí, que la falta de disciplina y de instrucción de algunos, les hace también, a su vez, ser malos educadores de sus alumnos. Si un ser de una especie superior recibiera algún día nuestra educación, veríamos entonces lo que el hombre pudiera llegar a ser. Pero como la educación, en parte, enseña algo al hombre y, en parte, lo educa también, no se puede saber hasta dónde llegan sus disposiciones naturales. Si al menos se hiciera un experimento con el apoyo de los poderosos y con las fuerzas reunidas de muchos, nos aclararía esto lo que puede el hombre dar de 5 Esta visão remete a realidade que o autor vivenciava em sua época. 55 sí. Pero es una observación tan importante para un espíritu especulativo, como triste para un amigo del hombre, ver cómo los pode-

> rosos, la mayor parte de las veces, no se cuidan más que de sí y no contribuyen a los importantes experimentos de la educación, para que la naturaleza avance un poco hacia la perfección (Kant *apud* Luzuriaga, 1999, p. 231).

Para Cambi (1999, p. 355), Kant propôs uma revisão crítica dos fundamentos do saber e do agir iluministas por meio da crítica da razão (teoria e prática), dando início a uma pedagogia rigorosa, destinada a formar um homem universal e racional, marcado pelo caráter e pelo domínio que nele exerce a racionalidade universal. Segundo o autor, Kant imprimiu no iluminismo e romantismo alemães sua característica.

Ele complementa que o modelo pedagógico elaborado por Kant, embora exclusivamente teórico, sem experiências concretas da vida infantil e da vida escolar, afirma-se como uma das maiores elaborações da pedagogia iluminista, acreditando nas reformas e, principalmente, na reforma da sociedade pautada na educação. Sua concepção é original, com sua forte conotação ética, assim como orgânica, mesmo sendo esquemática.

Segundo Cambi (1999, p. 364), isso justifica a longa influência que esse modelo terá, especialmente na área alemã, durante todo o curso do século XIX, mas chegando, de formas diversas, a atingir também alguns setores da pedagogia do nosso século (desde a "escola do trabalho" de Kerschensteiner, tão atenta aos "valores", até o próprio "ativismo" deweyano, tão sensível ao chamado "primado" da educação e ao problema da formação ética do homem).

Em síntese, o pensamento idealista crítico de Paul Natorp recebe a influência de seus antecessores, em uma sequência de construção epistêmica — Pestalozzi, Rousseau, Kant. A concepção de Natorp sobre emancipação humana por meio da tomada de consciência por meio da comunidade e não do indivíduo passa pela reflexão trazida anteriormente.

Considerações finais

Carreras (1997) explica que Natorp se preocupou com discussões que são pertinentes na atualidade, como por exemplo:

> [...] el problema del método; la unidad de teoría — práxis; el papel de la teoría de los valores como propuesta para orientar la vida; el problema de la formación (Bildung) y el rol del educador; la crítica a Herbart, y sus referencias continuas a Pestalozzi como el pedagogo propriamente dicho (al que por outra parte, estúdio detenidamente) e impulsor

> de la espontaneidad (para Pestalozzi, la primera condición favorable al desarrollo de la fuerza moral del hombre), y defensor del binômio educación-colectividad tal y como fuera recreado por Töennies en su ya clásica Comunidad y sociedad (1978)... son cuestiones apuntadas o sistematizadas con más profundidad por Natorp en sus trabajos sobre pedagogía social. Forman parte de su obra pedagógica, de su interes cultural. La preocupación por responder a todos ellos le fue llevando a formular los (Carreras, 1997, p. 43).

Carreras (1997) relata que Natorp não compartilhava da ideia de educação em uma perspectiva "individualista", que era a visão predominante em sua época. Para Natorp, isso era uma abstração; a educação, para ele, é um fenômeno social. Nesse sentido, cabe a pergunta: qual a necessidade de incluir o adjetivo social — Pedagogia Social, Educação Social —, se a educação já é em si um fenômeno social? Carreras (1997, p. 43) esclarece:

> Entonces, ¿qué añade el adjetivo al sustantivo pedagogía? Según el, en realidad, nada. Natorp estaba muy alejado de los problemas concretos de escolaridad — extraescolaridad o de las dimensiones profesionalizadoras de la disciplina, e incluso su planteamiento idealista le impidió concretar los diversos ámbitos de intervención que, al menos, marca el adjetivo social. La pedagogía es siempre social, con vocación de práctica comunitaria. La comunidad (el concepto del sociólogo Töennies) es el referente cultural fundamental de toda la actividad educadora del ser humano [...].

A afirmação do referido autor de que a pedagogia é sempre social, mesmo nas práticas comunitárias, deve ser relativizada, pois existem diferentes práticas da pedagogia que podem atender à perspectivas conservadoras, opressoras. O entendimento, a partir das leituras realizadas, é de que a Pedagogia tradicional enfatiza aspectos educativos considerando o indivíduo, e a Pedagogia Social enfoca aspectos educativos que englobam grupos, comunidades, nunca considerando o sujeito individualmente, isolado. É seguindo essa perspectiva que Carreras (1997, p. 44) descreve a Pedagogia Social como campo de conhecimento teórico com tendência reguladora da práxis. Para Natorp, o conceito de educação conduz ao conceito de comunidade. Morente[30] (*apud* Carreras, 1997, p. 44), intérprete kantiano de Natorp, esclarece que "la educación es, para Natorp, educación para la comunidad".

---

[30] Carreras se refere ao prefácio que Morente escreve ao traduzir para o espanhol o livro de Paul Natorp em 1913, originalmente escrito em alemão em 1898.

Ao considerar o estudo sobre a Pedagogia Social de Paul Natorp, Urruti (1911, p. 48) escreveu:

> O indivíduo e a comunidade são tomados como dois fatores distintos que se influenciam, e daqui somos levados a uma representação mecânica, considerando ambos os fatores como dados empiricamente, enquanto para nós o conceito de pedagogia social consiste apenas em uma relação de educação-ideia, uma comunidade é igualmente considerada como ideia; isto é, não apenas como consciência de algo que é, mas também de algo que deve ser, não de um dado, mas de algo que se torna e se desenvolve; em uma palavra, como um problema e, como tal, eterno.

Portanto, sujeito e comunidade se fundem, identificam-se e se ressignificam. Então, a educação não se reduz na relação educador-educando. A educação está inserida em um processo social, torna-se parte integral de uma sociedade, com seus conflitos, desafios, conquistas, necessidades, fracassos e sucessos. A ação educativa e/ou educacional deixa de ser uma ação técnico-pedagógica e se amplia para uma ação socioeducativa e sociocultural, que prescinde de uma formação, daí a necessidade já levantada por Pestalozzi, na formação dos educadores/professores, depois indicada por Natorp como uma formação para uma Pedagogia Social. Tal formação levaria em consideração a reflexão sobre a prática, ou seja, sobre aquilo que é. Levar em consideração o sujeito e sua existência no mundo é condição fundante para organizar um arcabouço teórico que ilumina a prática e vice-versa, em um *moto-contínuo*.

Referências

CAMBI, Franco. **História da Pedagogia.** São Paulo: UNESP, 1999.

CARRERAS, José S. Q. La construcción de la pedagogía social: algunas vias de aproximación. *In:* PETRUS, Antonio (org.). **Pedagogia Social**. Espanha: Ariel, 1997. p. 40-67.

LUZURIAGA, Lorenzo. **História da educação e da pedagogia.** 15. ed. São Paulo: Nacional, 1984.

NATORP, Paul. **Pedagogía Social**: teoria de la educación de la voluntad. Madri: La Lectura, 1913.

OLIVEIRA, Gabriel Henrique Divardim de. **"A nova sciencia politica, a pedagogia social":** representações na imprensa brasileira (1917–1940). Dissertação (Mestrado em Educação), UEPG, Ponta Grossa, 2023.

URRUTI, Fernando de los Ríos. Fundamento científico de la Pedagogía social en Natorp. *In*: URRUTI. Fernando de los Ríos. **Obras Completas**, v. III, edición de Teresa Rodríguez de Lecea, ed. Fundación Caja de Madrid y Editorial Anthropos, Barcelona, 1997. p. 44-72 (ISBN Obra completa: 84-7658-510-1; ISBN vol. III: 84-7658-513-6).

GERTRUD BÄUMER
(1873-1974)

GERTRUD BÄUMER, UMA TRAJETÓRIA DE VIDA

Maria Benites

Introdução

Uma das pessoas mais importantes no início da Pedagogia Social na Alemanha foi a professora Gertrud Bäumer (∗12/9/1873, Hohenlimburg – ✝25/03/1954, Gadderbaum), que teve um papel relevante tanto na educação social de jovens como na de ativista feminista, e inscreveu seu nome como representação, politicamente, dos direitos da mulher. Teve também uma brilhante trajetória como escritora e jornalista. Seguir sua história de vida significa abordar seus múltiplos aspectos: como educadora, como ativista pelos direitos femininos, como política, como escritora e jornalista.

Já em sua juventude, enquanto realizava sua formação de professora, ocupava-se da escola como um espaço de luta, especificamente por uma reforma do curso de formação dos professores, defendendo uma perspectiva profundamente humanística, colaborando assim, desde então, para a reforma do ensino médio feminino.

Sua participação no movimento feminista se enraíza em sua própria história familiar: com a morte de seu pai, conviveu com a submissão da sua mãe ao depender economicamente do seu avô.

Gertrud Bäumer foi eleita e assumiu como deputada do Partido Democrata Alemão de 1919 a 1932, e em 1920 foi a primeira mulher na Alemanha nomeada como conselheira de Estado no Ministério do Interior do Império Alemão para assuntos da educação e da juventude, o que lhe possibilitou participar ativamente do nascimento da Pedagogia Social na Alemanha. Digna de nota, ainda, em suas atividades políticas, foi sua presença na fundação do Partido Livre.

Paralelamente, foi muito importante a sua carreira de periodista, editora da revista *Die Frau* e colaboradora do Prof. Hermann Naumann na revista *Die Hilfe*. A partir de 1933, ao abandonar a sua carreira política, intensificou seu trabalho como escritora.

Junto com seus dois colegas (Paul Nartorp e Hermann Nohl), foi protagonista na criação da Pedagogia Social, e deram-lhe as primeiras configurações, assentando as bases para sua construção teórica, que podem ser aquilatadas nestas passagens:

> Sua pergunta [a da Pedagogia Social] é dupla: o que significa comunidade para a educação, e o que significa educação para a comunidade? E seu teorema fundamental é: que condições decisivas da educação residem na comunidade, que condições decisivas da comunidade residem na educação? (Natorp, 1907, p. 497).
>
> A pedagogia social é um trecho da pedagogia com "ajuda de emergência" para tudo que é educação, mas não é escola e nem família. Pedagogia social aqui significa o epítome do bem-estar social e educacional do Estado, realizada fora da escola (Nohl, 1929, p. 86).
>
> A expressão "pedagogia social" não designa um "princípio" ao qual "toda a pedagogia" está subordinada, mas apenas uma "seção": "tudo o que é educação, mas não é escola e não é família" (Bäumer, 1933, p. 3).

No final da sua vida, Gertrud Bäumer foi acusada de colaborar com o regime nazista quando, segundo ela, a única coisa que pretendia era manter a publicação da revista *Die Frau*, como forma de dar continuidade de formação do público feminino. Esse período de sua vida foi muito contraditório, no entanto, ao se analisar toda sua carreira, não se pode reduzi-la a esse tempo difícil para a sobrevivência de uma publicação feminista como um borrão a manchar toda sua trajetória, ainda que não se possa deixar de registrá-lo. A esse propósito, sempre convém lembrar o poema de José Carlos Capinan, *Inquisitorial* (escrito em 1965), de que transcrevemos apenas duas estrofes, que não valem como justificativa, mas que nos fazem pensar sobre "como viver diante de todas as ditaduras" ou governos neonazistas contemporâneos:

> I
> Cúmplices da comoção moderna
> Galhofamos no teatro e no cinema
> Ante o III Reich. [...]
>
> II
> Agora, amadureço a questão.
> Nós prontamente solidários com a memória
> (Compromisso sem perigos)
> E o desespero irreparável dos mortos,
> Se àquele tempo presente e vivos,
> Como veríamos o III Reich? [...]
> (Capinan, 1995, p. 69).

Dados da sua biografia e trajetória como professora

Gertrud Bäumer pertenceu a uma família de pastores protestantes: seu bisavô, Wilhelm Bäumer (1783-1848), foi um político eclesiástico que atuou como pastor em Bodelschwingh, perto de Lütgendortmund.

Após a morte prematura de seu pai, Emil (1845-1883), Gertrud, com 10 anos de idade, mudou-se para a casa de seu avô com sua mãe, Carolina (1850-1929), e seus dois irmãos. Em suas memórias, Bäumer descreve o vazio na vida de sua mãe e sua dependência econômica dos parentes como uma experiência dolorosa. Por essas razões ecônomicas, tornar-se professora era uma escolha, por gostar da profissão, mas também uma obrigação.

Frequentou o "Höhere Töchterschule" (Escola Superior de Formação de Professoras), em Halle (Saale), e posteriormente se formou no seminário de treinamento de professores em Magdeburg. Desde 1894, lecionou em escolas primárias em Halberstadt, Kamen e Magdeburg e, assim, apoiou financeiramente a sua mãe.

Nas suas memórias, dedicou 16 páginas ao tempo passado em Kamen e registrou em detalhes as condições de vida de seus protegidos rurais, pequenos burgueses e proletários, mas também suas próprias estratégias para lidar com a realidade da escola. O tempo em Kamen, seu primeiro contato intensivo com a realidade escolar e social, esteve presente em sua luta posterior a favor de uma política educacional e pedagógica. Como aponta Hans-Jürgen Kistner, arquivista da cidade de Kamen, ela vivenciou isso embutido em um protestantismo conservador e realista. Mas em Kamen ela também obteve seus primeiros conhecimentos sobre o movimento feminino: além de Bäumer, havia três outras professoras ensinando em sua escola, uma das quais era uma colega mais velha que a apoiou durante seus primeiros anos de trabalho. Com ela também tomou conhecimento da Associação Geral de Professores de Alemão, fundada por Helene Lange em 1890, e da revista *Die Lehrerin*. Em Kamen, ela recebeu impulsos práticos e teóricos para sua vida futura como uma das mais conhecidas mulheres e políticas envolvidas nas questões educacionais da República de Weimar.

Em seu livro *Im Licht der Erinnerung* (*Na Luz da Memória*), Bäumer descreve suas impressões sobre as condições de vida em Kamen no início do século XX, sobre a realidade escolar local e os obstáculos enfrentados por uma jovem professora.

Logo depois, a partir da mediação de uma colega mais velha, fez contato com a Allgemeiner Deutscher Lehrerinnenverein (ADLV – Associação Geral de Professores de Alemão), quando conheceu a presidente, Helene Lange (uma das principais figuras da causa feminista), que lhe causou uma profunda impressão, tanto do ponto de vista profissional quanto na vida pessoal. Em 1898, mudou-se para Berlim para fazer o exame para professores seniores, o que era um pré-requisito para a realização de um curso de estudos superiores. Naquela época, os estudos das mulheres na Prússia só eram possíveis com a permissão excepcional e individual para professores; a matrícula de mulheres não foi oficialmente aprovada até 1908.

Bäumer financiou seus próprios estudos, em parte publicando trabalhos para o movimento feminino, pois não recebeu nenhum tipo de bolsa ou ajuda, normalmente concedida a estudantes do sexo masculino. Estudou teologia, alemão, filologia e economia nacional na Universidade de Berlim, onde concluiu seu doutorado em 1904.

Entre 1904 e 1916, foi palestrante na Alice-Salomon–Frauenschule (Escola de Mulheres) e, em paralelo, no período de 1910 a 1919, foi presidente do Bund Deutscher Frauen (BDF) (Movimento Nacional das Mulheres) e, portanto, presidente de um movimento feminino moderado. Durante a guerra, ela liderou a National Women's Frauendienst (Serviço Nacional da Mulher) e também esteve envolvida nos problemas políticos, econômicos e sociais da época.

Em 1906, seu trabalho foi reconhecido e foi nomeada para tomar parte de uma comissão de 45 membros que devia tratar da reforma do sistema de ensino médio feminino. Como já observamos, em 1920 Gertrud Bäumer tornou-se conselheira ministerial no Ministério do Interior do Reich, e foi responsável pelo bem-estar e a educação dos jovens.

No período a partir de 1917, juntamente com Marie Baum, fundou a Escola Social Feminina e o Instituto Pedagógico Social em Hamburgo, um centro de treinamento para jovens. Além disso, supervisionou o departamento de sociologia da Escola Alemã de Política (DHFP) em Hamburgo e foi membro da diretoria da Academia Alemã de Trabalho Social e Educacional Feminino.

Seu trabalho junto a Helene Lange e no movimento feminista

As raízes do movimento feminista têm suas origens na revolução burguesa de 1848, a partir dos ideais da Revolução Francesa, com Louise Otto Peters, que exigiu a participação das mulheres no Estado como um dever, ao mesmo tempo que lutava e exigia das próprias mulheres uma consciência política mais forte. As mulheres de todas as classes deveriam ser ajudadas na sua formação e educação. Proteção às mulheres trabalhadoras e mães, igualdade de oportunidades no local de trabalho e o direito ao sufrágio eram as reivindicações mais importantes na época.

Em 1865, a Associação Geral das Mulheres Alemãs (Allgemeine Deutsche Frauenverein – ADF) foi fundada por Louise e Auguste Schmidt. Elas foram as primeiras a exigir o direito à educação e ao trabalho também para as mulheres. Em 1894, houve uma ruptura entre os movimentos de mulheres burguesas e proletárias O movimento de mulheres burguesas levou ao surgimento da Federação das Associações Alemãs de Mulheres (Bundes Deutscher Frauenvereine – BDF), uma associação baseada no modelo americano, cujas presidentas foram primeiro Auguste Schmidt, depois Marie Schritt e, finalmente, Gertrud Bäumer, em 1910. As mulheres de classe média estavam empenhadas em melhorar a posição da mulher na sociedade (incluindo a das mulheres da classe trabalhadora).

As mulheres da classe trabalhadora lutavam, juntamente aos homens, por uma revolução comum para a melhoria da posição da mulher na sociedade. Essa ruptura foi devida aos diferentes interesses, demandas e pontos de vista, mas também devido a um desenvolvimento mais lento do movimento feminista e a agitação histórica dessa época.

Bäumer, como muitas mulheres da época, chegou ao movimento feminista por meio de sua profissão de professora, e o próprio movimento se via como um movimento de educação de mulheres. Logo após sua chegada a Berlim, em 1898, quando conheceu Helene Lange, considerada a líder incontestável do movimento das professoras, Bäumer soube, por intermédio de um conhecido, que Lange estava cada vez mais sendo prejudicada em seu trabalho por uma doença ocular. Ela se ofereceu, então, como sua assistente. Assim, desenvolveram juntas um trabalho jornalístico de extrema importância para o movimento feminista, mas também uma intensa amizade, o que levou a uma parceria de vida que durou até a morte de Helene Lange, em 1930.

Lange logo reconheceu o potencial intelectual e o desempenho acima da média de Gertrud Bäumer e tomou a decisão de torná-la sua sucessora. Por instigação de Lange, Bäumer subiu rapidamente para cargos de diretoria na Federação das Associações Alemãs de Mulheres (BDF). Em 1910, ela substituiu Marie Schritt como presidente, e ocupou o cargo até 1919, embora tenha permanecido como a figura mais influente da associação após esse período. Durante a primeira grande guerra, foi fundamental no estabelecimento do Serviço Nacional da Mulher, uma organização de assistência social que procurou coordenar o fornecimento de alimentos e o voluntariado das mulheres em tempo de guerra na indústria e no comércio, obtendo grande sucesso nesta iniciativa.

Seu principal trabalho para o movimento feminista se estendeu do trabalho dentro do BDF parta a revista mensal *Die Frau*, que foi considerada porta-voz do movimento de mulheres burguesas (assim chamado de movimento burguês porque a maioria eram professoras).

Bäumer teve múltiplas motivações e objetivos relativos à melhoria da educação das meninas, defendendo fundamentalmente a educação cívica das mulheres, para poder exercer um papel real na política e nas decisões do seu país. Por isso se distinguiu por seus pronunciamentos sobre política escolar, suas aspirações de educação social e a abordagem socioeducativa. Sua principal preocupação era a igualdade das mulheres em um sentido cívico. As mulheres deveriam aprender a se integrar na vida pública, deveriam exercer seus direitos e cumprir seus deveres e obrigações. Fora do círculo doméstico de tarefas, elas deveriam lutar contra a sua exclusão na esfera pública. Por meio da presença em palestras, noites de informação e cursos de treinamento organizados pelo movimento de mulheres, elas deveriam ampliar seus horizontes de consciência dirigidas às inter-relações sociais. Esse lado informativo e formativo que Bäumer ofereceu às mulheres foi um estímulo para a autoajuda e cooperação. A mulher deveria fortalecer sua personalidade mediante a autodeterminação adquirida, participando da cooperação cultural e prática nas realizações comunitárias, no trabalho e na vida pública, assim se familiarizando com os mecanismos da vida pública. É por isso que o movimento burguês daquela época era, em sentido amplo, um movimento educativo, um treinamento para as condições existentes e, portanto, também um movimento pedagógico (cf. Hopf, 1997). Gertrud Bäumer pertencia ao movimento em luta por um feminismo diferente, que atribuiu ao declarado "princípio feminino" a tarefa de contribuir para a humanização da vida.

Politicamente, ela se identificou com o liberalismo social de Friedrich Naumann, com quem tinha uma intensa amizade, e trabalharam juntos desde 1906; a partir de 1912, foi editorialmente responsável pela seção cultural de sua revista *Die Hilfe*, fundada em 1894. Após a morte de Naumann, em 1919, tornou-se a única editora durante um tempo.

Por intermédio da revista *Die Frau*, Bäumer quis encontrar diretrizes e transmitir *insights*, divulgar fatos, reconhecer problemas e encontrar e elaborar soluções a fim de informar as mulheres e assim encorajá-las a se tornarem mais autoconfiantes. Dessa forma, ela foi capaz de tornar acessíveis fatos que até então eram inacessíveis e assim criar uma nova consciência entre as mulheres. Por meio de palestras, ela lhes ofereceu uma oportunidade educacional para se familiarizarem com os campos da política, da história e da literatura.

O aspecto político

Como resultado da permissão para as mulheres serem ativas em partidos políticos, Bäumer tornou-se membro do partido liberal de esquerda Freisinnige Vereinigung (Associação Independente), que logo se tornou Deutsche Demokratische Partei (DDP – Partido Democrata Alemão), em 1919, e finalmente o Deutsche Volkspartei (Partido Popular Alemão), em 1930. Após a mudança da lei de associação prussiana, em 1908, (até então se proibia a participação de mulheres em partidos políticos), Gertrud Bäumer e Helene Lange aderiram ao Freisinnige Vereinigung (Partido Independente), do qual Naumann também participava ativamente desde 1903. O Freisinnige Vereinigung deu origem, mais tarde, ao Fortschrittliche Volkspartei (FVP – Partido Popular Progressista), de tendência liberal de esquerda.

Politicamente, ela se identificou com o liberalismo socialmente determinado de Friedrich Naumann, com quem trabalhou em estreita colaboração a partir de 1906, e a partir de 1912, como vimos, foi editorialmente responsável pela seção cultural da revista de Naumann denominada *Die Hilfe*. Em 1919, tornou-se vice-presidente da DDP e membro do Reichstag entre 1919 e 1932. Além do cargo no Ministério do Interior do Reich, também foi delegada do governo do Reich à Liga das Nações em Genebra de 1926 a 1933.

Em 1919, Bäumer, juntamente com Naumann e outros, fundou o Partido Democrata Alemão (DDP), do qual ela foi presidente adjunta de 1920 a 1930. Em 1919 foi eleita como representante na Assembleia Nacional de Weimar e teve um mandato do Reichstag de 1920 a 1932, tendo mudado em 1930 até 1932 para o Partido Estatal Alemão (DStP), com o qual o Partido Democrata Alemão havia se fundido pouco antes, mas não concorreu nas eleições do Reichstag de 1932.

Após a tomada do poder em 1932, os nacional-socialistas a suspenderam e a dispensaram com uma pensão de professora do ensino fundamental. Até sua demissão em 1936, continuou a publicar *Die Frau*, o órgão do movimento burguês feminino, apesar da Gleichschaltung (com base nesse decreto, a Alemanha nazista fez um expurgo de todos aqueles que não estavam de acordo com Hitler).

A sua atuação como escritora

A partir de 1933, após ter sido dispensada de seus cargos políticos e profissionais pelos nacional-socialistas, Bäumer se dedicou a estudos históricos, viagens e publicações. No outono de 1933, escreveu sua autobiografia política, *Lebensweg durch eine Zeitenwende* (*Percurso de vida em tempos de reviravoltas*), que entendia como um "confronto intelectual com o nacional-socialismo" (Hopf, 1997, p. 60).

No início de 1934, mudou-se para Gießmannsdorf (agora Gościszów), Silesia, com sua segunda parceira, Gertrud von Sanden (1881–1940). Em uma carta a seu tio Werner Schede, aborda o dilema que seu trabalho sob o regime dos nacional-socialistas lhe teria apresentado:

> Sou assim dispensada com uma pensão e também com créditos pela minha antiga carreira docente. Pessoalmente, esta é a solução mais limpa para mim. Se eu estivesse no cargo, teria agora que fazer, por exemplo, os decretos relativos às crianças judias nas escolas, ou o próximo decreto para o ensino da história, pelo qual tudo o que aconteceu desde o colapso será difamado [i.O.]. Isso seria realmente impossível para mim (Hopf, 1997, p. 60).

Porém, depois de 1936, o público a consagrou como uma escritora de sucesso. Apesar da proibição de falar em público, em 1939 continuou dando palestras, especialmente nos círculos evangélicos. Sua casa tornou-se um ponto de encontro para amigos e um refúgio para os perseguidos. Contra as duras críticas de companheiros de campanha como Dorothee von Velsen, Anna Pappritz e Marie-Elisabeth Lüders, ela decidiu ainda continuar publicando sua revista *Die Frau*, em colaboração com Frances Magnus-von Hausen, embora isso exigisse concessões cada vez maiores ao longo do tempo, incluindo conteúdo nacional-socialista.

A posição de Gertrud Bäumer sobre o nacional-socialismo antes de 1933

Até 1933, Gertrud Bäumer tinha publicado seus ensaios políticos diários, principalmente na revista *Die Hilfe*. Nessa revista, que estava intimamente ligada ao DDP em termos de pessoal e se via como um fórum contra o círculo nacional-socialista em torno de Naumann, foi dada cada vez mais atenção ao fenômeno do nacional-socialismo crescente.

Por exemplo, para registrar a sua posição com respeito ao nacional-socialismo de Hitler, no outono de 1923, com rumores de uma "Marcha em Berlim" (modelada na Marcha de Mussolini em Roma), da conspirações entre Hitler e partes da liderança Reichswehr, tornadas cada vez mais conhecidas na Baviera, Gertrud Bäumer assim descreveu os eventos na Baviera:

> [...] os sem escrúpulos lutam pelo poder, essas pessoas para as quais o Reich só vale algo desde que elas governem, hoje como antes da Guerra Mundial. E a burguesia bem-comportada e ingênua corre atrás deles e aceita o preço de seus sofrimentos, de suas esperanças desapontadas. (Schumacher, 1994, p. 121).

Com relação ao chamado Putsch de Hitler, que aconteceu em 9 de novembro de 1923, ela comenta com resignação: "pior que este malabarismo tragicômico é o fato de que esta ofensiva de classe também penetrou nos partidos republicanos e quebrou ou pelo menos paralisou sua força para a defesa da República" (Schumacher, 1994, p. 121).

Com o crescente sucesso do movimento nacional socialista, ela alertou que "a vitória política, desta onda de sentimentos [...] seria [o] colapso alemão". "Mais perigoso do que esses próprios humores é o fato de que, mesmo por aqueles que não os compartilham, sua total periculosidade não é percebida". (Schumacher, 1994, p. 123).

Ela chamou o *Mein Kampf*, de Hitler, de "livro espantosamente confuso"; seu julgamento em relação ao nacional-socialismo permaneceu desdenhoso:

> O nacional-socialismo, ou o que quer que seja valioso nele, é mais destrutivo do que construtivo, já que seus líderes agem de forma irresponsável no desprestígio desenfreado aos opositores sem qualquer senso de verdade, irresponsável na apresentação demagógica-falsificada da situação alemã

> e no equilíbrio de poder, irresponsável no inescrupuloso "apelo aos porcos", como foi justamente dito no Reichstag, irresponsável na exploração desenfreada da incapacidade de julgamento e no abuso das forças decentes e puras. (Schumacher, 1994, p. 123).

Ela mesma esperava uma renovação do centro, embora estivesse ciente do fato de que a discórdia dos partidos tornava quase impossível a realização de um perfil político comum do "centro". No entanto, a base para ela sempre teve que ser a preservação da liberdade civil no espírito da Constituição do Reich. Ela reconheceu muito bem que os nacional-socialistas foram bem-sucedidos não apenas por causa de sua técnica de trabalhar as massas. O conglomerado de ideias, como apresentado na ideologia nazista, apelou para uma variedade de interesses diferentes. Não poderia haver discussão sobre o desumano do antissemitismo e a propaganda política interna de atrocidades deste partido, que, afinal de contas, queria ser um "movimento". Inegavelmente, porém, o NSDAP foi capaz de preencher um déficit na política partidária, ainda que abaixo de promessas. Bäumer levou a sério a crise mental que ela acreditava ter sido revelada nos sucessos dos nacional-socialistas. Era importante para ela que o parlamentarismo fosse reformado, pois em sua opinião ameaçava se desenvolver cada vez mais em pequenos interesses de particularismos.

Quando teve que assistir ao espetáculo dos deputados do NSDAP marchando em uniforme de festa na abertura do Reichstag, em 13 de outubro de 1930, ela escreveu: "Um protesto escaldante surge com uma vontade de violência, que se expressa no desfile desta tropa" (Schumacher, 1994, p. 124). Gertrud Bäumer recusou um debate substantivo ou mesmo uma cooperação com os nacional-socialistas. Ao contrário, disse ela, era uma questão de travar a luta

> [...] contra um poder que, à custa do respeito pela consciência viva do indivíduo e silenciando à força todas as outras visões, quer substituir o cidadão pelo soldado político — é algo em seu núcleo mais profundo não-alemão, não-germânico. Somente combatendo impiedosamente esta nova edição étnico-alemã de um monstruoso bizantinismo, o genuíno e vigoroso movimento um dia será liberado de uma liga maligna e muito pouco racista [...] (Schumacher, 1994, p. 125).

A atitude crítica, mas finalmente vacilante, de Bäumer em relação ao nacional-socialismo é sintomática de sua abordagem reformista e estatista: seus esforços foram direcionados para promover melhorias dentro dos sistemas, quaisquer que sejam esses sistemas. Durante o período do nacional-socialismo, no entanto, ela se permitiu fazer compromissos que não seriam aceitáveis para a maioria de suas camaradas de luta no movimento feminista.

Nacional-socialismo, Segunda Guerra Mundial e o período pós-guerra

Após sua saída do cargo em 1933 e sua mudança para Gießmannsdorf junto com Gertrud von Sanden, Bäumer dedicou mais tempo a suas atividades de escrita e, nos anos seguintes, empreendeu viagens de estudo à Suíça e à Itália com Ludwig Nießen e a filha de von Sanden, Isabel Hamer. Em 1936, escreveu seu extenso trabalho *Adelheid – Mãe dos Reinos*. Ela havia acreditado até o final que, apesar das consideráveis concessões à censura e outras restrições da imprensa, ainda seria capaz de transmitir resquícios do conteúdo do movimento feminista com a publicação da *Die Frau* — um otimismo que quase nenhuma de suas antigas companheiras compartilhava. Além da autocensura que se impôs, companheiras como Anna Pappritz, Marie-Elisabeth Lüders, Alice Salomon e Dorothee von Velsen também a acusaram de não se distinguir, ou de não se distinguir suficientemente, do antissemitismo nacional-socialista. Em 1944, ela e Frances Magnus-von Hausen finalmente cessaram a publicação devido à falta de papel.

No inverno de 1945, Bäumer fugiu com o neto de seu companheiro, que havia morrido nesse meio tempo, para Saalfeld/Saale (Körnerstraße 6) e depois para Bamberg. Ela ainda tentou participar da construção política da República Federal e especialmente da reconstrução de um movimento de mulheres, mas teve que perceber que, especialmente nas organizações de mulheres do pós-guerra, seu comportamento vacilante, manobrando durante o tempo do nacional-socialismo para manter sua revista, foi interpretado como oportunismo, e sua concepção de política feminina não era mais considerada contemporânea. Participou, ainda assim, do círculo fundador da União Social Cristã (CSU). Bäumer ainda deu algumas palestras, especialmente sobre temas teológicos e históricos, mas logo começou a sofrer de aterosclerose, o que gradualmente lhe impossibilitou a atividade pública.

Conceitos da Pedagogia Social

Neste tópico, abordaremos aspectos referentes aos seus conceitos pedagógico e sociopedagógico. Gertrud Bäumer viu a criança recém--nascida — seguindo Ellen Kay e a pedagogia da reforma — como um ser inocente, intocado, que em parte já carrega talentos individuais. Em consideração a essas características naturais, a criança deve ser apoiada por medidas educacionais de forma cognitiva e manual. A educação só é possível no contexto social, ou seja, a socialização, a interação entre natureza e sociedade e a sua disposição natural. É a educação e a socialização que vão moldar a criança, e esse processo também prevê o surgimento de diferenças de gênero.

Por exemplo, a criança, no agir com seu ambiente e suas exigências ao ambiente, poderia ser educada na frugalidade material e na autodisciplina. Em referência a sua própria criação, Bäumer atribui grande valor a essas duas qualidades — frugalidade material e autodisciplina — como objetivo da educação, cujo princípio seria a promoção do gênio individual da criança, adaptando-o para a vida de sua comunidade cultural.

A escola, nesse contexto, constitui-se num grande ponto de inflexão na vida de uma criança, seria o primeiro contato com uma formação moral. O primeiro espaço moral da criança, a primeira sociedade própria, o microcosmo no qual um teste para a preparação da sua vida posterior ocorre. Deve-se notar que a escola não é a única fonte de educação e criação. Bäumer tentou realizar o seu ideal da escola dentro dela própria e nas relações estreitas desta com a sua comunidade, durante seu tempo em Hamburgo.

Em 1916, assumiu com Marie Baum o estabelecimento e a administração (até 1920) da Soziale Frauenschule und Sozialpädagogisches Institut Hamburg (Escola Social da Mulher e Instituto Pedagógico Social de Hamburgo), uma escola técnica superior para enfermeiras da previdência social. Supõe-se que foi com base nesse trabalho que ela iniciou a fundamentação da Pedagogia Social como um aspecto da educação que seria primordial na formação de uma sociedade pós-guerra.

O Instituto Pedagógico Social, por ela fundado, era para ser uma espécie de instituição modelo para formação para cargos sociais de liderança, oferecendo especialização e métodos de pesquisa. Dessa forma, ela conseguiu uma academicização do trabalho social e, portanto, uma ligação entre teoria e prática. Graças às profissões sociais criadas dessa forma, que não eram suficientemente atraentes para os homens, as mulheres foram capazes de dar um passo adiante aos olhos do público.

Bäumer também fez campanha por uma educação melhor para meninas, querendo alcançar uma educação que fosse publicamente igual à das escolas de meninos. As professoras deveriam tornar-se uma figura modelo nesse caso, e o caráter de gênero não deveria ser uma norma educacional. As meninas deveriam ser educadas livres das diferenças de gênero. A ativista dos direitos da mulher viu a coeducação como um meio adequado para a coexistência "normal". Sua principal preocupação era fazer das mulheres suas camaradas para juntas lutarem pelos direitos das mulheres.

A teoria como instrumento primordial da pedagogia, na época, era vista por ela com grande desconfiança, razão pela qual a compreensão de sua pedagogia é fundamentalmente uma questão de aplicação, ação e fato. **A Pedagogia Social é uma prática da qual uma teoria pode surgir, e a tarefa é encontrar possíveis soluções para os problemas da prática.** Assim, endossou a maioria dos elementos da pedagogia da reforma, especialmente os da escola feminina, pois via muitos paralelos nessa perspectiva com seus próprios ideais, já que ambas exercem uma crítica da civilização e representam a "relativização do conhecimento da cabeça" e uma "visão holística do homem".

Essa educação reformadora foi fortemente criticada do ponto de vista do movimento feminista, pois era vista como um movimento puramente cultural, com um papel fixo para as mulheres como mães, o que não correspondia de forma alguma à realidade da época. Em 1907, um de cada três empregos era ocupado por uma mulher. No entanto, Bäumer vê uma solução ótima na combinação desses dois movimentos complementares. A educação deve ser humanística, formando a alma em conexão com o corpo, pois a educação física foi tida como um meio adequado para superar as diferenças de classe.

A educação seria independente do gênero, pois a educação não deveria se referir só ao ser humano individual, mas à relação com os bens culturais, a que poderíamos hoje acrescentar que seria uma relação com todo seu ambiente e com a história socialmente construída. Bäumer se opõe à escola padronizada e insiste em uma escola elementar que dure seis anos em vez de quatro, para que haja uma seleção justa, que não se baseie em status social, mas puramente no desempenho. Bäumer critica a "educação geral" como a única educação mais elevada, porque uma totalidade pode ser alcançada, em sua opinião, também em uma educação especializada.

Para ela, a pedagogia social, seguindo Hermann Nohl, é tudo o que não é escola e família, é o cuidado social e estatal, ou seja, o terceiro campo da educação.

O Estado é uma espécie de instância guardiã, que leva em conta a esfera privada da família e só intervém em caso de negligência de seus deveres. Aqui, como estudante de Hermann Nohl, esteve envolvida na criação da Reichsjugendwohlfahrtsgesetz (Lei do Governo Federal sobre o bem-estar dos jovens). Assim, favoreceu a unificação do bem-estar escolar e juvenil, a integração no campo público da educação, com a Pedagogia Social e, assim, o Reichsjugendwohlahrtsgesetz acabou por se referir fundamentalmente às crianças e adolescentes, deixando de lado a questão do trabalho pedagógico com jovens e adultos.

Seu significado e as consequências

Bäumer era uma líder feminina, pedagoga, política, funcionária pública, mas também uma escritora e uma personalidade versátil que influenciou seu tempo e cuja presença é sentida ainda no presente. Deixou extensos trabalhos escritos, ensaios nas revistas *Die Frau* e *Die Hilfe*, além de contribuições para inúmeras obras coletivas, como o "Manual do movimento de mulheres". Deixou-nos também publicações independentes como *Die Frau in der Kulturbewegung der Gegenwart* e a autobiografia *Lebensweg durch eine Zeitwende*, publicada em 1933.

Foi somente trinta anos após a guerra que se formou um novo movimento de mulheres, independente do antigo. As escolas secundárias coeducacionais só se estabeleceram após a Segunda Guerra Mundial. Essa é uma indicação do desenvolvimento progressivo na Alemanha no decorrer do Século XX, mas as profissões sociais ainda são consideradas típicas das mulheres, tendem a ser mal pagas e a ter uma baixa posição social.

O debate sobre a educação da mulher, que foi intenso no passado, continua hoje examinando a relação entre as influências biológicas, sociais e educacionais. A discussão sobre educação escolar do mesmo sexo e mista ainda é relevante, apesar da introdução da educação coeducacional.

Gertrud Bäumer deixou muitos vestígios, especialmente instituições educacionais que ainda a prestigiam e que levam o seu nome. Entre elas, a antiga *Casa do bebê*, hoje uma instituição para o bem-estar dos jovens, dirigida pela Evangelische Frauenhilfe (Ajuda às Mulheres Protestantes) em Michaelshoven, perto de Colônia, assim como a Gertrud-Bäumer--Berufskolleg, (Escola para a Formação para o Trabalho), fundada em 1956, anteriormente uma escola para meninas e hoje uma instituição educacional mista no setor social, no Kreis Märkischer. Ela também deixou sua marca na Reichsjugendwohlfahrtsgesetz (Lei do Bem-Estar dos Jovens), que ajudou a redigir e para a qual, juntamente com dois outros autores, escreveu o prefácio. Esse foi um compromisso de Gertrud Bäumer para o bem-estar dos jovens e a melhoria dessa lei, que tinha a intenção de melhorar o bem-estar dos jovens, mas, na sua época, não foi elaborada nenhuma regulamentação. Atualmente, a KJHG, Reichsjugendwohlfahrtsgesetz, faz parte do SGB (Código Social) e, portanto, também é regulamentada a nível federal alemão.

Talvez o mais importante foi que Gertrud Bäumer deixou uma nova definição de pedagogia social, na qual, pela primeira vez na história, é considerada uma pedagogia diferenciada, teórica e historicamente fundamentada.

Bäumer na pesquisa atual

A pesquisa atual é ambivalente sobre Gertrud Bäumer, em função de sua atitude ambígua em relação ao nacional-socialismo. Como alemã, também defendeu o ideal de um Grande Reich alemão, ideal defendido pelos nacional-socialistas. Ela não atuou contra a perseguição racista, a exclusão e o assassinato, pois não a percebeu ou a percebeu apenas de forma limitada. Entretanto, Bäumer lutou contra o antissemitismo, isso já ao tempo em que a acusaram de mostrar-se insensível aos judeus e cultivar preconceitos antijudaicos.

Os aspectos criticados foram suas posições, em 1919, que impediram a eleição de Alice Salomon como presidente da Federação das Associações Alemãs de Mulheres (BDF). Oficialmente, ela impediu a candidatura de Salomon, citando o sentimento antissemita no público. O comportamento de Bäumer, após chegar ao poder, pode ser mais bem descrito como "manobrar para manter sua revista": ela superestimou suas próprias possibilidades como jornalista. Suas estratégias de adaptação e percepções seletivas levantaram críticas mesmo durante sua vida.

Gertrud Bäumer entrou para a história, no entanto, graças a outros aspectos de sua atuação e produção: na formação de professores e reformulação do ensino; na criação da Pedagogia Social, sendo um dos seus três pilares iniciais; na sua permanente e ativa participação do movimento feminista mediante suas funções na diretoria na Federação das Associações de Mulheres Alemãs (BDF); na história do liberalismo alemão como cofundadora do Partido Democrata Alemão; e na história do parlamentarismo alemão, como uma das primeiras deputadas do parlamento.

Gertrud Bäumer era, em todos os sentidos, uma personalidade carismática, uma mulher de inacreditável força pessoal, com enorme resistência e dedicação ao trabalho. Foi uma mulher que criou uma nova imagem da feminilidade, um modelo para a geração seguinte, que encarnava o poder do feminino como base para o desenvolvimento da individualidade feminina e da autoafirmação. Ela conseguiu dar à geração sucessora de mulheres uma nova autoconfiança, uma competência indispensável e uma espécie de base para a plena integração da mulher na vida social.

Em 1949, mudou-se para Bad Godesberg com sua irmã Else Bäumer (1875–1959). No início de 1954, foi transferida para as Instituições Bodelschwingh, em Bethel (Bielefeld), onde morreu em 25 de março. Ela está ali enterrada.

Uma inscrição, *in memoriam*, comemora Gertrud Bäumer no túmulo de honra de Helene Lange no cemitério Heerstraße, em Berlim-Westend.

Referências

BÄUMER, Gertrud. **Lebensweg durch eine Zeitenwende.** Tübingen: Wunderlich Verlag, 1933.

BACH, Marie-Louise. **Gertrud Bäumer.** Biographische Daten und Texte zu einem Persönlichkeitsbild. Weinheim: Deutscher Studienverlag, 1989.

CAPINAN, José Carlos. **Inquisitorial** – Poemas. 2. ed. Rio de Janeiro: Civilização Brasileira, 1995.

GÖTTERT, Margit. **Macht und Eros:** Frauenbeziehungen und weibliche Kultur um 1900 – eine neue Perspektive auf Helene Lange und Gertrud Bäumer. Königstein/Taunus: Ulrike Helmer Verlag, 2000.

HOPF, Caroline. **Frauenbewegung und Pädagogik:** Gertrud Bäumer zum Beispiel, Klinkhardt, Bad Heilbrunn Huber Microsoft Encarta Enzyklopädia (2005): Frauenbewegung, 1997.

NATORP, Paul. **Gesammelte Abhandlungen zur Sozialpädagogik.** Erste Abteilung: Historisches. Stuttgart: F. Frommann Verlag, 1907.

NOHL, Herman. **Pädagogische Aufsätze.** Langensalza: Beltz, 1929.

ROGERS, Tommy; FIGGE, Horst: **Tätigkeitsfelder sozialer Arbeit.** Heidelberg: Decker & Müller Verlag, 1986, S.24.

SCHUMACHER, Martin. **Die Reichstagsabgeordneten der Weimarer Republik in der Zeit des Nationalsozialismus.** Politische Verfolgung, Emigration und Ausbürgerung, 1933–1945. Eine biographische Dokumentation. 3., edición revisada y ampliada. Droste, Düsseldorf, 1994.

HERMAN NOHL
(1879–1960)

HERMAN NOHL E A PEDAGOGIA SOCIAL POLÍTICA E CIENTÍFICA

Karine Santos
Henrique Luis Engel

Dados biográficos

Herman Nohl nasceu em Berlim no ano de 1879, recebendo o mesmo nome de seu pai, o qual era professor de línguas antigas e conhecido por seus estudos em filologia (Engelke *et al.,* 2018). Em 1898, aos 19 anos, inicia, na Universidade de Berlim, os estudos de História, Literatura Alemã e Filosofia, e, pouco tempo depois, no ano de 1904, conhece o filósofo Wilhelm Dilthey (1833-1911), sob cuja orientação defende sua dissertação intitulada "*Sokrates und die Ethik*" ("Sócrates e a Ética"). Em 1908, obtém o grau de doutor na Universidade de Jena com a tese sobre "*Die Weltanschauung der Malerei*" ("A concepção de mundo da pintura"). Ainda na mesma universidade, leciona Filosofia, conhece o Movimento Juvenil e faz parte do Movimento pela Universidade Popular.

Em 1914, escreve seu primeiro artigo sobre pedagogia, intitulado "*Die Pädagogischen Gegensätzen*" ("Os opostos pedagógicos"). De 1915 a 1918, durante a I Guerra Mundial, participa da Administração Militar em Gante, na Bélgica. As impressões e experiências terríveis da guerra estimularam ainda mais seu interesse por questões pedagógicas. É influenciado pelas irmãs e por outras pessoas da área assistencial a se ocupar com as necessidades dos jovens, refletir sobre a práxis sociopedagógica e desenvolver teorias para a prática. Em 1920 é chamado para lecionar na Universidade de Göttingen as disciplinas de Pedagogia e Filosofia Prática com viés especial da Pedagogia.

Entre 1925 e 1933 edita a obra *Handbuches der Pädagogik* (*Manual da Pedagogia*), em cinco volumes, juntamente com Ludwig Pallat (1867-1946). O quinto volume é dedicado inteiramente a Pedagogia Social e reúne contribuições de diversos autores. Embora Herman Nohl tenha editado a obra, nela não há textos seus. Em 1935 é editado seu livro *Die pädagogische Bewegung in Deutschland und ihre Theorie* (*O movimento pedagógico na Alemanha e sua teoria*). Em 1938, escreve a obra *Charakter und Schicksal: eine pädagogische Menschenkunde* (*Caráter e Destino: Um Estudo Pedagógico do*

Homem), traduzida para o espanhol sob o título de *Antropologia Pedagógica* e publicada em 1950. A obra trata sobre os limites nos quais se movem a ação educadora, considerada de grande impacto para a época.

Herman Nohl destaca-se como um dos representantes do movimento de renovação pedagógica alemã. Defendia que a revolução pedagógica exige uma construção ativa "de um mundo espiritual nacional como um todo vital superior" (Cabanas, 1994, p. 149).

Durante a Segunda Guerra Mundial, em razão de seu posicionamento negativo ao Partido Nazista, é afastado de seu cargo de professor universitário. Ao mesmo tempo, suas posições com cunho nacionalista levaram-no a uma posição pouco crítica sobre o Partido Nazista. Ao longo desse período, passou seu tempo retirado em estudos e na edição de suas obras. Após a guerra retoma sua cátedra em Göttingen. Em 1947, recebe o grau de professor emérito, mas continua trabalhando até 1949 na universidade, cuja cadeira foi ocupada posteriormente por Erich Weniger (1894-1961).

Juntamente com Ludwig Pallat, cria o Instituto para Educação e Formação, em Göttingen, apoia a criação da Faculdade de Pedagogia e trabalha até pouco antes de sua morte na edição da revista pedagógica *Die Sammlung: Zeitschrift für Kultur und Erziehung* (*A Coleção: Revista sobre cultura e educação*). Recebe muitas distinções acadêmicas e deixa um grande círculo de alunos em Göttingen. Acaba sua vida aos 81 anos, em 1960. Atualmente, existem várias escolas e instituições de formação que levam o seu nome.

Nohl é considerado "um dos primeiros impulsionadores e formuladores da Pedagogia Social em seu sentido atual, com projeção profissional no Trabalho Social" (Cabanas, 1994). Influenciado por Dilthey ficou reconhecido por ser um dos precursores em defender a Pedagogia como Ciência do Espírito. No entanto, em meados dos anos de 1960, foi amplamente criticado pela sua insuficiente base empírica, uma vez que utilizava como metodologia científica o método histórico-hermenêutico.

Herman Nohl nasce oito anos após a fundação do Império Alemão, o qual persistiu de 1871 até 1918, terminando com a perda da Primeira Guerra Mundial e a abdicação ao trono do Imperador Guilherme II. Esse período é marcado por grandes mudanças econômicas e sociais, principalmente a transição de um sistema feudal agrário para um capitalista industrial. De 1870 até 1910, a população cresceu de 41 milhões para 65 milhões de habitantes. Segundo Engelke (*et al.*, 2018, p. 148)[31]:

---

[31] Todas as citações presentes no artigo foram traduzidas pelos autores do original alemão em razão de não existirem, até o momento, obras traduzidas para o português.

> As condições de vida são miseráveis, especialmente nos guetos de trabalhadores dos centros industriais: desemprego, longas jornadas de trabalho, condições de trabalho desgastantes, parcos salários, aluguéis caros, falta de habitações, sem-tetos, pouca higiene, doenças, pobreza, enfim, um círculo vicioso para aqueles aptos a trabalhar. Ainda em 1900 no Império Alemão, 40% das causas de morte são "Tuberculose". A taxa de mortalidade de bebês é acima de 20% e a expectativa de vida é em média 43 anos.

As pessoas que mais sofrem as consequências dessa realidade são as mesmas de sempre: crianças, jovens, mulheres, especialmente as mães, os deficientes, idosos, doentes sem amparo e órfãos. A partir da metade do século XIX, quase todos os estados alemães criam princípios legais e instituições para o auxílio aos pobres, sejam elas públicas, privadas ou confessionais. Segundo Engelke (*et al.*, 2018, p. 149), "Com a introdução da seguridade para doentes, acidentados e inválidos (1883-1889), e a criação e expansão da seguridade estatal (1911), cria-se um início significativo de uma política social do Estado." Quanto à cifra de instituições ligadas de alguma forma à assistência social no Império Alemão, temos os seguintes dados:

> O número dos institutos educativos e hospitalares cresce no Império Alemão de 8.775 no ano de 1922 para 15.556 no ano de 1929. O número dos institutos educativos no sentido estrito do termo, cresce de 141 em 1912 (com 19.485 leitos) para 191 em 1922 (com 24.285 leitos) e em 1929 eram 1.798 institutos com 131.773 leitos. Desse total, cerca de 6% são mantidos pelo estado ou municípios, 71% por instituições confessionais e os 23% restante por diversas instituições privadas (Engelke *et al.*, 2018, p. 273).

Com a virada do século temos a criação dos primeiros locais de formação para mulheres que atuam no atendimento e cuidado aos pobres, a criação de teorias e de uma ciência da Assistência Social e a fundação das primeiras cátedras em universidades sobre essa área. Considera-se esses os primeiros tratos da Pedagogia Social enquanto Ciência.

> Um motor essencial da profissionalização do Serviço Social foi o movimento civil das mulheres. Elas apoiavam o resgate dos ideais proclamados na Revolução Francesa de 1789, a saber, liberdade, igualdade e fraternidade, pois as moças e mulheres eram prejudicadas no todo do sistema educativo, em parte eram totalmente excluídas. Para realizarem suas vidas elas pediam o direito de trabalhar em atividades não

domésticas e desejavam trazer o valor das mulheres e da maternidade para a sociedade através da atuação social (Engelke *et al.*, 2018, p. 150-151).

Outra característica importante foi o surgimento do Movimento Juvenil e pela Universidade Popular. O primeiro foi um movimento pedagógico, espiritual e cultural de renovação que surge em 1900. Em grande medida, um protesto contra a pedagogia reinante.

> Com a finalidade de encontrar, a partir das próprias forças, uma autêntica configuração de vida, os jovens formaram grupos, os quais, através de trilhas, acampamentos, eventos a noite, cultivo de danças e canções populares, teatro de amadores, [...] a vivência da simplicidade e a ligação com a natureza, buscavam a formação de comunidades baseadas na amizade (Engelke *et al.*, 2018, p. 273).

O Movimento pela Universidade Popular surge ao mesmo tempo e luta por qualificação para o trabalho e para que pessoas de todas as camadas sociais possam participar dela e na discussão das principais questões sociais da época.

Por fim, o irromper de duas guerras mundiais e a participação alemã em ambas, separadas por apenas vinte e um anos, a criação de um estado totalitário e as sabidas políticas de morte contra a própria população só agravaram as questões sociais de maneiras inimagináveis. A vida de Herman Nohl foi profundamente marcada pelas duas guerras mundiais e pelas suas consequências terríveis na sociedade, principalmente o aumento da pobreza, do desemprego, de pessoas mutiladas e doentes, órfãos e viúvas. Esse resgate histórico aponta elementos que nos possibilitam desenhar a/s LEITURA/S DE MUNDO de Herman Nohl.

O que dizem do autor, e quem diz

O testemunho mais antigo que encontramos, ocorrido algumas semanas após a morte de Nohl, no início do semestre letivo de 1960, na Universidade de Tübingen, é escrito por Otto Friedrich Bollnow (1903-1991)[32], o qual realiza uma preleção em memória de Herman Nohl, per-

---

[32] "Vale destacar sobretudo o fato de que, ao comentar a contribuição do Herman Nohl, Bollnow resgata a sua própria reflexão em torno da Filosofia existencial na qual ele afirma que a vida humana contém progressões constantes e interrupções descontínuas. Importante também o resgate e necessidade de Nohl no pós-guerra, a qual afetou corporalmente e espiritualmente centenas de pessoas, entre elas as sobreviventes dos campos de concentração e campos de extermínio" (Silva, 2023).

meada de impressões e informações vivas da influência que ele exerceu com sua vida e obra na pedagogia do século XX na Alemanha. Segundo ele, Nohl se tornou muito mais importante na influência viva que exerceu sobre seu círculo de alunos, a maioria dos quais atuou posteriormente na prática da Educação Social, do que com suas obras, ainda que muito amplas e significativas.

Segundo Bollnow, a convivência com as pessoas simples do povo e a percepção de suas necessidades foram decisivas na vida de Nohl, dado que ele vinha de um ambiente letrado e de condições econômicas relativamente boas. Durante a Primeira Guerra Mundial,

> Onde toda tradição se tornou duvidosa e toda a ordem histórica, social e política desmoronou, onde não havia mais nada firme, no qual pudéssemos nos segurar, aí Nohl reconheceu a grande tarefa de sua vida, a pedagogia. Nesse momento ele se tornou educador e o permaneceu por toda sua vida (Bollnow, 1960, n.p.).

Para Bollnow, Nohl viu como única solução para seu país no pós-guerra a renovação interior das pessoas, a saber, em uma nova educação. Ele não se tornou educador a partir de uma disposição natural, mas do reconhecimento de que poderia ser responsável pela mudança.

> Nós reconhecemos, com esse exemplo, como a grandiosa tarefa da Pedagogia não se desenvolve em um campo protegido de uma província isolada da pedagogia, mas na tormenta imediata da vida histórica. Nós sentimos, como Platão e Comenius, Rousseau e Pestalozzi, a direta e insolúvel imbricação da vida pedagógica e política (Bollnow, 1960, n.p.).

Georg Geißler (1902–1980), pedagogo e aluno de Nohl, no livro *Clássicos da Pedagogia (Klassiker der Pädagogik)*, afirma que

> O Movimento de reforma pedagógico no primeiro terço do século XX possui em Herman Nohl um de seus principais intérpretes. Enquanto professor universitário esteve presente não apenas pela reflexão crítica, mas desenvolveu ele mesmo novas formas de uma educação universitária prática. Contribuiu em larga escala na construção de uma educação que parte da realidade e de uma pedagogia baseada nas ciências humanas, capaz de ficar em pé por conta própria (Geißler, 1979, p. 285).

Segundo Heinz Sünker (1948-) e Rita Braches-Chyrek (1968-), atualmente professores na Universidade de Wuppertal, no livro *A Diversidade da Pedagogia Social na Europa* (2009, p. 18-19):

> As teorias de Siegfried Bernfeld, Herman Nohl e Carl Mennicke pretenderam — baseadas em fundamentos diversos — introduzir uma mudança na percepção da sociedade para com as crianças e jovens[33]. Eles desenvolveram as fundações teóricas para conceitos democráticos de educação e de sociedade a partir das próprias experiências pedagógicas e educativas com jovens e jovens adultos. Usaram as suas tentativas na reforma pedagógica a fim de sensibilizar pedagogos e parcelas da população para os problemas e a função estigmatizante do treinamento corretivo e da "pedagogia para o negligenciado", percebendo como isso contribuia para reproduzir os contextos biográficos dos jovens e consolidar seus status na sociedade.

Para os autores do livro *Teorias do Trabalho Social* (Theorien der Sozialen Arbeit) (Engelke *et al.*, 2018, p. 286-287),

> Nohl, através de seu trabalho científico e de sua teoria, se direcionou, antes de tudo, para os professores, aos quais queria principalmente prover meio pedagógicos para seu novo trabalho. Hoje, podemos dizer, que poucos pedagogos influenciaram o desenvolvimento pedagógico do séc. XX, seja na formação de professores, bem como de pedagogos sociais, quanto Herman Nohl e seus círculo de alunos o fez. O momento unificador dessa "escola nohliana", segundo Georg Geißler, era uma concordância não ortodoxa na concepção pedagógica basilar e nas formas de vida, um estilo compartilhado de conduta e pensamento pedagógico, e naturalmente a ligação pessoal com o mesmo professor, o qual, para muitos, era um homem extraordinariamente genial e ativo.
> Para a discussão atual, o entendimento de Nohl da Pedagogia Social, no sentido de assistência aos jovens, é uma parte de grande significado na área da Pedagogia[34].

---

[33] Importante discussão que pode nos fazer pontes com o pensamento pedagógico latino-americano. Ao exemplo de Frantz Fanon, *Os condenados da terra*, e o que Sünker e Braches-Chyrek destacam na "pedagogia para o negligenciado". Ou, se desejamos "puxar fios do novelo", pedagogia dos negligenciados. Ou como Carlos Brandão disse certa vez, a "pedagogia dos exterminados" (Silva, 2023).

[34] "Nohl trouxe significativa contribuição nas pequenas pedras ou contas que ao longo de um processo histórico tomaram parte do tecido de políticas públicas para juventude na Alemanha, por exemplo. Embora em algumas dessas políticas ele não seja citado diretamente, mas, nas entrelinhas, o pensamento desse importante autor está presente" (Silva, 2023).

Para Díaz (2006, p. 94), Nohl defende uma Pedagogia Social relacionada fundamentalmente com a política e concebe-a a partir de uma perspectiva claramente preventiva, o que é uma novidade relativamente a definições citadas anteriormente. Os contributos mais importantes de Nohl, segundo o autor, são os seguintes:

- Entende a pedagogia social como um conceito ordenado, integração de esforços para a abertura de novos caminhos educativos e formas de ajuda à integração social da juventude.
- Ao contrário de Natorp, a pedagogia social é apenas uma parte ou espaço da pedagogia geral, com fins específicos no sentido da formação popular. Assinala a necessidade de dedicar recursos à prevenção, ajuda e recuperação da juventude;
- Toma a realidade concreta como ponto de partida da teoria da pedagogia social.
- O objectivo da sua orientação pedagógica é perseguir o bem do sujeito, desenvolver as suas capacidades e também a sua vontade.
- Realça a necessidade de modificar as condições ambientais e contextuais, com o fim de assegurar a eficácia da acção pedagógica social.
- Destaca a tarefa de formação e investigação inerente à pedagogia social. Sublinha a necessidade de realizar acções científicas que contribuam para dotar de estatuto científico a pedagogia social, até então considerada apenas no quadro conceptual.

Nohl foi um escritor profícuo, dado sua formação em filosofia, escreveu sobre variados temas da área, principalmente sobre ética, estética e, é claro, sobre educação e pedagogia. Não há traduções para o português até o momento, apenas algumas para o espanhol. Seu primeiro escrito pedagógico é de 1914, *As controvérsias pedagógicas* (*Die pädagogische Gegensätze*). Entre 1925 e 1933, edita o *Manual da Pedagogia* (*Handbuches der Pädagogik*), em cinco volumes. Em 1935, surge seu livro *O movimento pedagógico na Alemanha* (*Die pädagogische Bewegung in Deutschland*), e, em 1938, a sua antropologia pedagógica *Caráter e Destino* (*Charakter und Schiksal*). Nohl também foi editor da revista pedagógica *A Coleção* (*Die Sammlung*), de 1945 a 1960. No entanto, essas são apenas algumas de suas obras.

Para este estudo, utilizamos como fonte primária uma coleção de artigos seus sobre Pedagogia Social, de várias épocas, reunidos em um volume editado em 1965, qual seja, *Tarefas e caminhos da Pedagogia Social*

(*Aufgaben und Wege der Sozialpädagogik*), especialmente o artigo II do referido livro, intitulado "A Pedagogia Social na Assistência Social" ("*Die Sozialpädagogik in der Wohlfahrtspflege*"), escrito em 1926.

Principais conceitos que sua obra aborda

A opção pela obra aqui apreciada se deu após uma ampla pesquisa sobre a produção do autor, seguida da identificação das possíveis traduções da língua alemã para o espanhol, inglês e português. Com a pouca tradução, especialmente no tema da pedagogia social, optamos por uma obra clássica no texto original. Utilizamos como fonte direta dos escritos de Herman Nohl o livro *Aufgaben und Wege der Sozialpädagogik* (*Tarefas e caminhos da Pedagogia Social*), edição de 1965, o qual é composto por artigos redigidos entre 1924 e 1952. Além de consulta ao livro *Teorias do Trabalho Social* (*Theorien der Sozialen Arbeit*), de 2018, que elenca oito grandes temáticas da obra de Herman Nohl, sendo que três tratam diretamente da pedagogia social. São elas:

1. **A realidade da educação como base da teoria:** Nohl parte da seguinte pergunta: como se educa? I.e., como a educação é feita no dia-a-dia no concreto, e não como se *deve* educar, num sentido normativo e ideal. Nohl argumenta que o ponto de partida para uma teoria geral da formação é o fato da realidade educacional como um todo racional e/ou significativo.

   > Resultado da vida, das suas necessidades e ideais, ela é como uma conexão de potências, atravessada pela história, erigida em instituições, em ferramentas e leis, simultaneamente preocupada com seus procedimentos, metas e meios, ideais e métodos nas teorias (Nohl, 1988, p. 150).

   Na realidade da educação encontram-se presentes polaridades e ambiguidades: pessoa enquanto ser natural e histórico, pobreza e contra movimentos, vivência pedagógica e objetificação, o indivíduo e a massa, o educando e o educador, historicidade da vida e análise abstrata, teoria e práxis etc. Para Engelke *et al.* (2018), a teoria científica da formação tem partido desses opostos e de sua relação circular, sendo a visão de Nohl sobre a educação, no entendimento dos autores, uma análise sistemática de sua história.

2. **A autonomia pedagógica:** para o autor a Pedagogia como ciência é autônoma, de modo que não poderia ser substituída por nenhuma outra ciência ou mesmo livre de outras ciências (por

exemplo, a Psicologia, a Ética e a Antropologia). Assim sendo, a autonomia confere critérios e normas independentes à pedagogia, com os quais possa se defrontar criticamente consigo mesma e as outras ciências. Conforme Engelke (*et al.*, 2018, p. 280), Nohl, compreende que

> A atitude básica da pedagogia é tal, que o educando, o sujeito, está no centro sempre, isso significa, que a pedagogia não é carcereira de quaisquer forças objetivas para com o educando, seja estatais ou da igreja, seja do direito ou da economia, nem de um partido ou de uma visão de mundo. A pedagogia não vislumbra a sua tarefa na condução do educando para um fim previamente determinado, antes o vê no sujeito mesmo e em seu desenvolvimento corporal e espiritual. "Que essa criança aqui chegue ao seu objetivo de vida, essa é sua tarefa independente, que ninguém lhe pode tolher" (Nohl, 1965, p. 28).

3. **A relação/referência pedagógica**: Nohl identifica em sua época uma necessidade social e moral, corporal e espiritual, a qual seria a perda da ligação entre as pessoas e sua consequente perda de valor. É nas novas formas de união e solidariedade surgidas, a saber, nos movimentos de oposição e renovação, que Nohl viu uma esperança.

> O segredo de todo trabalho pedagógico frutífero é uma correta referência pedagógica, isso quer dizer a própria relação criativa e fértil, que une educando e educador entre si. Amor e firmeza de um lado, confiança, respeito e um sentimento da própria necessidade e uma adesão da vontade do outro lado. O resultado é a ligação entre educando e educador (Engelke *et al.*, 2018, p. 281).

4. **A antropologia pedagógica**: para Nohl, conforme Engelke (*et al.*, 2018, p. 281), o ser humano é um ser duplo, o qual se esclarece a partir de fora, i.e., das ciências naturais e a partir de dentro, i.e., das ciências do espírito, p.ex. a psicologia. Quem educa deveria conhecer ambos os caminhos.

5. **A tarefa pedagógica**: na visão de Nohl, é tarefa da pedagogia de seu tempo encontrar novas formas de educação na sociedade, principalmente porque a família e a escola não estariam mais dando conta. O novo *locus* educativo seria, pois, a Pedagogia/Educação Social. "O todo da realidade pedagógica precisa ser

repensado. Do nascimento até a maturidade dos jovens todas as possibilidades precisam ser formadas, para que a pedagogia vá de encontro à necessidade atual de forma enérgica e eficaz" (Engelke *et al.*, 2018, p. 283).

O autor e a Pedagogia Social/Educação Social

A teoria de Herman Nohl, como temos visto, parte da realidade concreta e histórica de seu tempo, marcada profundamente pela ocorrência de duas grandes guerras e de suas consequências na vida da sociedade, e de acréscimo, das transformações políticas, econômicas e sociais que já vinham ocorrendo, a saber, criação do Estado Alemão em 1871, e da república, nos pós-guerra, transição de uma sociedade agrária para uma industrial etc., encontrando na educação da população a única saída para solucionar os problemas então surgidos. Segundo Engelke *et al.* (2018, p. 283), "Nohl parte de uma práxis social-pedagógica já existente, a fórmula, justifica e mostra as consequências que dela decorrem".

Segundo Elisabeth Blochmann (1892-1972) escreve no prefácio da obra *Tarefas e Caminhos da Pedagogia Social*, de 1965, a qual reúne os artigos de Nohl sobre o tema, foi o contato com a miséria da população após a Primeira Guerra Mundial que uniu e desafiou as forças dos educadores de uma maneira não antes vista, resultado também de um movimento de reforma pedagógico que já vinha ocorrendo[35]. Nesse contexto foi Nohl o professor da primeira cátedra de Pedagogia criada no período após a Primeira Guerra Mundial e fundador de um grupo de estudos sobre os problemas sociais-pedagógicos, resultando na edição do quinto volume do *Manual da Pedagogia,* dedicado inteiramente à Pedagogia Social, o qual é permeado pela contribuição de diversos atores sociais interessados no tema.

> É bem relevante que o mérito de Herman Nohl foi reunir pessoas de diferentes áreas, a saber, juízes, médicos e psiquiatras, religiosos e professores, trabalhadores sociais da Secretaria para os Jovens, carcereiros, legisladores, administradores, todos aqueles que de alguma forma lidavam com jovens em risco, no entendimento de uma grande tarefa (Nohl, 1965, p. 8).

---

[35] "Este é um contexto que irá inspirar, no final dos anos 1968, a Pedagogia Social Crítica tecida por Klaus Mollenhauer" (Silva, 2023).

Antes de adentrarmos na teoria de Nohl sobre a Pedagogia Social, faz-se necessário um esclarecimento conceitual. Em seus escritos ele utiliza, além do termo Pedagogia Social (*Sozialpädagogik*), outros para referir-se a essa nova área: Pedagogia de Estado de Emergência/Crise (*Notstandpädagogik*), Assistência aos jovens (*Jugendwohlfahrt*) e Trabalho de Assistência aos Jovens (*Jugendwohlfahrtsarbeit*). O termo *Wohlfahrt*[36], em alemão, denota literalmente bem-estar, mas possui igualmente um significado de Assistência Social (*Sozialhilfe*). Na época de Nohl era comum usar o termo *Wohlfahrtsarbeit* para referir-se à Assistência Social (*Sozialhilfe*), o qual é o termo comum na atualidade.

Em seu artigo "A pedagogia social na Assistência Social", surgido primeiramente em 1926, Nohl inicia nos perguntando qual a característica distintiva que o Assistente Social, área criada no início do século XX, possui ao lado de outros atores sociais que lidam com o ser humano em situação de necessidade, p. ex., médicos, juízes, religiosos, políticos sociais. Nohl a identifica não apenas na sua tarefa externa, mas precisamente no sentido interno de sua ajuda.

> Essa particularidade me parece que a palavra Cuidado com o Bem-estar (Wohlfahrtpflege[37]indica precisamente: o objetivo não é o direito ou a saúde, nem o apoio econômico ou religioso, essas são apenas partes, mas antes o "bem" da pessoa.
> O termo Wohlfahrt remonta ao século 18, onde pela primeira vez o Estado tomou conscientemente a função de cuidar do Bem-estar de seus súditos (Nohl, 1965, p. 17).

Segundo Nohl, os políticos sociais e as instituições religiosas já haviam percebido a necessidade de ajudar uma classe que não estava em condições de melhorar por conta própria, no entanto, olharam a questão

---

[36] "São dois termos, *Wohl* que significa, em alemão, o estado em que se está saudável e feliz corporal e espiritualmente e *Fahrt*, que significa movimentação, condução, impulso etc. Nesse sentido, Wolhfahrt tem o sentido de um caminhar em direção ao estado saudável e de ser feliz espiritualmente e corporalmente. O que mais tarde receberá a colaboração de uma visão um tanto mais crítica. Kritischesozialarbeit, no qual educadores e educadoras não determinam unicamente o bom caminho para os jovens, e sim a autonomia destes em construir os seus caminhos" (Silva, 2023).

[37] *Wohl-fahrts-pfle-ge*: sinonímia no idioma alemão de Ajuda Social (*Sozialhilfe*), Solicitude (*Fürsorge*), (Bem-estar) *Wohlfahrt*, e Diaconia (*Diakonie*), todas elas podendo ser traduzidas pelo termo geral e corrente de Assistência Social (Soziallhilfe). O diferencial de *Wohlfahrtspflege* é ser composto pelo termo Wohlfalhrt (bem-estar) e Pflege (cuidado, proteção, assistência), o qual era mais utilizado no século XIX e XX. No idioma inglês temos um termo correlato, a saber, *Welfare*, significando bem-estar, o qual também é formado pela partícula *Well* (bem).

apenas do ponto de vista religioso ou do interesse público, descuidando do direito da própria pessoa desenvolver as suas capacidades por conta própria e livremente.

> Para ambos, a aspiração e esforço do indivíduo por gozar e desenvolver sua vida não foram levados muito em conta. Esse saborear da vida e o desenvolvimento de suas forças, os quais tornam uma vida proveitosa, valorosa, é um momento absolutamente legítimo na construção da existência humana. Tal contentamento corresponde, além do mais, no sentido da vida, e nenhuma ética ou religião pode renuncia-la (Nohl, 1965, p. 17).

Para Nohl, a nova Assistência Social tem o reconhecimento do direito inalienável de cada pessoa chegar ao seu próprio bem, um ponto imprescindível para que seu trabalho seja afetivo.

> Ela não se aproxima do indivíduo apenas com a pergunta pela exigência de um valor objetivo qualquer, mas vê-se primeiramente perante um eu desamparado, o qual aspira por sua felicidade, e concorda com o direito a aspiração por moradia e alimentação, por trabalho e ócio também, como qualquer pessoa, seu desejo por amor, como pelo direito de pai sobre seus filhos, mas antes de tudo o seu direito de ser educado para desenvolver suas habilidades conforme sua própria vontade. Apenas onde o "cliente" do Assistente Social experiência essas atitudes básicas de cuidado e assistência, que por motivos autorizados pretende ajudá-lo e defendê-lo, terá ele também a mesma confiança que ele confere ao médico e ao juiz, sem a qual todo seu trabalho é em vão. E sob estes motivos autorizados inclui-se a luta contra o despotismo patriarcal da Assistência Estatal, mas antes de tudo o reconhecimento da própria independência de determinação do sujeito, e isso significa para o Assistente Social, o respeito pela vontade e plano de vida dos indivíduos (Nohl, 1965, p. 18).

Em sua época, Nohl viu que a Assistência Social defrontava-se com duas possibilidades: uma percebia sua tarefa na transformação e melhoria do entorno e a outra na melhora e transformação da humanidade e do indivíduo. Nohl concorda que a ajuda material é a primeira, por exemplo, subsídio, moradia, ajuda médica, emprego etc. A pedagogia social seria o outro lado necessário da Assistência Social. Nohl faz referência a Schiller, concordando

> [...] que o ser humano, na verdade, é ainda muito pouco, se ele tem uma casa digna e uma barriga cheia, mas que ele precisa de uma casa aconchegante e de uma boa alimentação, antes que uma natureza melhor possa fazer-se sentir nele (Nohl, 1965, p. 18).

Nohl segue sua análise argumentando que a ajuda material vê-se diante de um limite, qual seja, *o fator caráter* da pessoa, o qual seria, ao menos, responsável pela metade do destino da pessoa, sendo o entorno dependente do caráter ou, em parte, uma função do sujeito. "E que esse caráter recebe primeiramente seu verdadeiro apoio, onde ele encontra sua tarefa e ligação em um *entorno espiritual,* em comunidades, que o levam/suportam e tornam feliz, porque elas o elevam" (Nohl, 1965, p. 18).

Podemos ver como a transformação social e educativa do sujeito se mostra em uma relação de apoio, não meramente clientelista, de prestação de um serviço, mas de amizade e apoio recíproco, de fortalecimento das relações humanas, do sentimento de responsabilidade pelo bem de cada um, enfim, isso é viver em comum-unidade. É nesse contexto e pressuposto que Nohl passa a falar mais especificamente da Pedagogia Social:

> E assim põe-se em evidência a Pedagogia Social como o outro lado no trabalho da Assistência Social (Wohlfahrtsarbeit), sem a qual o seu último fim, como seu decisivo meio fracassam, o apoio pessoal, a reconstrução da pessoa mesma e de seu entorno espiritual (simbólico, cultural) (Nohl, 1965, p. 18).

Segundo Nohl, o socialismo teve bons motivos para ver na transformação do entorno e na ajuda material os pressupostos da ajuda pessoal ao sujeito, quer dizer, da ajuda educativa, os quais, ao fim e ao cabo, sempre encontrarão seu limite no caráter com sua responsabilidade e nas comunidades espirituais nas quais a pessoa encontra uma vida verdadeiramente significativa.

> Eis porque o apoio e a Assistência Social são, ao fim, Pedagogia Social, e o assistente social, não apenas leva/executa (ausführen), mas ele precisa também conduzir/guiar junto (führen), como Alice Salomon formulou brilhantemente em seu livrinho "Sozialen Diagnose" (Nohl, 1965, p. 20).

Na opinião de Nohl, a ajuda de maior relevo deve ser educativa, porque a maior necessidade reside na pessoa mesma, e deve estar direcionada para conferir ao sujeito a força e a capacidade para se autoajudar, e não apenas para ajudar a pessoa quando o problema já está estabelecido, mas num sentido de prevenção.

> Nohl critica reiteradamente na Assistência Social, que segundo sua visão ela destrona/destitui o sentimento de responsabilidade da pessoa e conduz para "uma osteoporose da vontade para com a autoajuda", porque ela está concentrada na doença. Para Nohl ela deveria estar focada na manutenção da saúde, isso significa para ele, que a Assistência Social não deve estar impregnada da ideia de pena, mas de ideias pedagógicas. Também a assistência aos jovens estaria ativa, assim queixa-se Nohl, quando aconteceria uma tragédia. Essa então será novamente remediada. Nisso consiste, para Nohl, um grave defeito de construção de todo o trabalho. Nohl, chega por isso, a dar uma mudança positiva na ajuda aos jovens (Engelke *et al.*, 2018, p. 286).

Para Nohl, a Assistência Social adquiriu um novo significado no momento em que surgiu uma necessidade universal, resultado da objetificação (*Versachlichung*) e da perda de individualidade (*Vermassung*), as quais retiram dos indivíduos o seu valor e sua responsabilidade obrigatória.

> Essa é a verdadeira compreensão da assistência material, que ela queria trazer a tona novamente o direito de cada um, mesmo ao mais pobre, de ter uma vida digna, de salvar a pessoa da objetificação. [...] Mas a tarefa primordial reside aí, a saber, de personalizar essa massa, e elevar o indivíduo através disso, conferindo-lhe capacidade interna, força e ligação/compromisso, para que ele novamente encontre um espaço nas comunidades, das quais se sinta um membro, e possa fazer desenvolver suas capacidades e responsabilidades, animando e formando-o (Nohl, 1965, p. 19).

Nos parece que Nohl, ao escrever esse artigo, em 1926, como que previa os riscos para a sociedade alemã que a perda da individualidade e da formação de uma sociedade de massas poderiam acarretar, da negligência da capacidade de pensar e refletir por conta própria, da responsabilidade sobre si e seu entorno, tornando-se apenas um membro indistinto e despersonalizado na sociedade.

É ilustrativo, sobre o que Nohl escreve, o relato de Hannah Arendt sobre o julgamento de Eichmann ocorrido em Jerusalém, o qual foi responsável pela logística na condução das pessoas para os campos de concentração no período do nacional-socialismo, sua argumentação de que não se via como responsável pela morte dos judeus, pois não havia matado nenhum sequer, apenas cumpria ordens.

Nohl identifica cinco movimentos espirituais de reação à necessidade da população: o socialismo do movimento trabalhista, a missão interna das igrejas, o movimento das mulheres, o movimento social-político e o movimento juvenil, com sua consciência comunitária. Essas energias vão se concentrar no movimento de assistência aos jovens, o qual estará direcionado para a pessoa enquanto ser individual a ser apoiado.

> Um movimento espiritual como a Assistência aos Jovens (Pedagogia Social), não surge como uma nascente a partir da abundância, de uma riqueza do coração, mas a partir do destino de uma necessidade. Essa necessidade, na sua forma concretamente cruel é que dita a marcha de uma reação espiritual, que a deve superar. Essa necessidade é concreta, e engloba o todo, assim também a reação precisa surgir do todo da vida. Tão múltipla é a necessidade, assim também terão que ser as reações despertadas do sistema da vida (Nohl, 1965, p. 10).

Por fim, Herman Nohl conclui seu artigo afirmando que toda Assistência Social culmina na Pedagogia Social, poderíamos dizer que são dois lados inseparáveis:

> Visto a partir daqui, permanece a palavra, em certo sentido verdadeira, que o fim último da Assistência Social é a formação superior da humanidade, e esse apoio/assistência culmina na Pedagogia Social. A reconstrução do indivíduo não é separável da reconstrução e da espiritualização/educação da nossa existência social, através da diversidade das forças comunitárias, nas quais a natureza elevada das pessoas atua: família e vizinhança, comunidade de jovens e de trabalhadores, comunidade de estados e de religiões, e por fim, mas não menos importante, a experiência da relação pedagógica com uma pessoa que lidere/conduza, através da qual a realidade de uma natureza superior seja credível (Nohl, 1965, p. 12).

Quanto ao aspecto da formação dos pedagogos sociais, Herman Nohl compreendia que,

> deveriam entender sua atuação tanto como serviço de amor ao próximo bem como profissão e ambos aspectos sendo

> igualmente justos. Nohl defende que pedagogos e social-pedagogos sejam formados nas universidades. A universidade deve organizar e desenvolver a pesquisa científica da assistência social aos jovens, ela deve prover a formação dos especialistas do campo de atuação assistencial geral, e ela deve disseminar conhecimento e uma sintonia da pedagogia social para com os estudantes, os quais posteriormente estarão em contato como os jovens em suas profissões (Engelke *et al.*, 2018, p. 286).

Na conclusão ao prefácio do livro que reúne os artigos de Nohl sobre a Pedagogia Social, Elisabeth Blochmann fala da crescente preocupação da práxis social-pedagógica por uma compreensão mais abrangente dos métodos até então utilizados e de encontrar novas formas e possibilidade de ajuda,

> Essa capacidade precisa permanecer viva nos pedagogos sociais no atual e diverso campo de autuação, se eles quiserem realizar corretamente a sua tarefa. Nós estamos convencidos, que a força inspiradora, a qual chegou e atuou por meio desses artigos, servirá como ajuda, através do tempo, para as jovens pessoas de nossa época na realização de *suas* tarefas (Blochmann, 1965, p. 9).

Podemos tomar essas palavras como um puxão de orelha, como que nos alertando para a necessidade de estarmos atentos para a nossa própria realidade histórica atual e da nossa responsabilidade para com a construção de uma sociedade mais justa para todas e todos. Muito tem sido feito em nosso país, é verdadeiramente um trabalho a muitas mãos, mas ainda temos mais por fazer. Apesar da Pedagogia Social ser uma área em construção nesse continente americano, a práxis social-pedagógica vinha ocorrendo antes da construção de um sistema de teorias. Precisamos qualificar ininterruptamente nosso trabalho para que ele não seja mera ajuda externa, alienante do sujeito, mas o capacite para ser ator da própria transformação.

Principal inspirador

O filósofo Wilhelm Dilthey (1833-1911), orientador de Nohl, teve influência na aquisição do método hermenêutico e o modelo vitalista de pensar, combinado com a noção da filosofia se tornando prática necessária. Assumindo três princípios — a autonomia da Pedagogia, a relação entre teoria e prática e a historicidade da realidade e teoria educativa —, Dilthey defendia que o objeto das Ciências do Espírito (*Geisteswissenschaften*) é a realidade histórica e social que colabora para formar as individualidades que só podem ser conhecidas pelo método hermenêutico, que busca a compreensão da unidade estrutural da vida com um todo global, fundamento encontrado pelo filósofo em Hegel. Também conhecidas como Pedagogias Culturalistas, as Ciências do Espírito supõem uma visão filosófica (espiritual e antropológica) da educação, muito próxima ao homem, à vida e à história.

Referências

BLOCHMANN, Elisabeth. Vorwort. In: NOHL, Herman. **Aufgaben und Wege der Sozialpädagogik**. Weinheim: Julius Beltz, 1965.

BOLLNOW, Otto Friedrich. **Herman Nohl zum Gedächtnis**. 1960. Disponível em: https://bollnow-gesellschaft.de/schriften/detail/herman_nohl_zum_gedaechtnis-200.html. Acesso em: 15 abr. 2020.

CABANAS, José Maria Quintana. **Educación Social**: antología de textos clássicos. Madrid: Narcea, 1994.

DÍAS, André Soriano. Uma Aproximação à Pedagogia-Educação Social. **Revista Lusófona de Educação**, v. 7, p. 91-104, 2006. Disponível em: http://www.scielo.oces.mctes.pt/pdf/rle/n7/n7a06. Acesso em: 3 maio 2020.

DILTHEY, Willhelm. **Filosofia e educação**: textos selecionados. Organização de Maria N. de Camargo Pacheco Amaral. São Paulo: EDUSP, 2010.

ENGELKE, Ernst; BORRMANN, Stefan; SPATSCHECK, Christian (org.). **Theorien der Sozialen Arbeit**. 7. ed. Freiburg in Breisgau: Ed. Lambertus, 2018.

GEIßLER, Georg. Herman Nohl. *In*: SCHEUERL, Hans. **Klassiker der Pädagogik**. Bd. 2. München: Beck, 1979. p. 272-288.

NOHL, Herman. **Antropología Pedagógica**. 3. ed. México: Breviarios del Fondo de Cultura Económica, 1950.

NOHL, Herman. **Aufgaben und Wege der Sozialpädagogik**. Weinheim: Julius Beltz, 1965.

SILVA, Alexandre M. T. da. **Herman Nohl**. Seminário interno de Fontes da Pedagogia Social. Porto Alegre: Cepopes, 2023.

SÜNKER, Heinz; BRACHES-CHYREK, Rita. Social Pedagogy in Germany. *In:* KORNBECK, Jacob; ROSENDAL JENSEN, Niels (ed.). **The Diversity of Social Pedagogy in Europe**: Studies in Comparative Pedagogies and International Social Work and Social Policy. Bremen: Europäischer Hochschulverlag, 2009. p. 12-33. v. VII.

JOSÉ ORTEGA Y GASSET
(1883-1955)

JOSÉ ORTEGA Y GASSET: CONTRIBUIÇÕES POLÍTICAS, EDUCATIVAS E SOCIAIS À PEDAGOGIA SOCIAL

Francisco José Del Pozo Serrano
Juliana dos Santos Rocha

Introdução

José Ortega y Gasset vem sendo considerado por muitos como uma das figuras mais importantes do pensamento filosófico espanhol do século XX (Escámez Sánchez, 2010; Bonilla, 2024), de acordo com Bonilla (2013, p. 10) "sua filosofia da razão vital e histórica é uma das propostas intelectuais mais sérias do século XX para entender a realidade" (tradução nossa). Sua influência pode ser percebida em estudos de diferentes áreas que acabam adotando o autor como referência, porém, é justamente na área da Filosofia que está concentrada grande parte deles.

Ao realizar uma busca no banco de artigos da Scielo, por exemplo, encontramos 41 trabalhos ao utilizar o descritor "Ortega y Gasset". Após uma leitura dos resumos dessa amostra, foi possível categorizar os artigos em 9 áreas de concentração, a saber: Filosofia (25 trabalhos), Sociologia (3 trabalhos), Psicologia (4 trabalhos), História (2 trabalhos), Educação (2 trabalhos), Biologia (2 trabalhos), e Geografia, Moda e Engenharia (1 trabalho cada). Uma busca no repositório de periódicos da Capes, utilizando o mesmo descritor para "assunto", foi possível encontrar cerca de 7 mil resultados e de acordo com a categorização do próprio banco, a maioria dos trabalhos tem como área a Filosofia, porém os trabalhos contemplam outras áreas, tais como: Ciências Sociais, História, Literatura Espanhola, Política, Educação, entre outras. Corrobora Escámez Sánchez (2010, p. 11 e 12), quando salienta que "estudiosos competentes de diversos campos do saber já se pronunciaram a respeito da coerência da filosofia de Ortega, sua diversidade temática e qualidade literária". Fica explícita, então, a abrangência do uso desse referencial, mas também relevância no campo da Filosofia.

Porém, a dimensão pedagógica e educativa do autor, não tem sido muito considerada no âmbito da Educação, nem na Pedagogia Social europeia e universal. Muito mais conhecido por seus aportes filosóficos,

Ortega Y Gasset se encontra dentro do círculo cultural e pedagógico da Institución Libre de Enseñanza (ILE), na Espanha, denominado também de geração 1914 (Caride & Ortega, 2015). Tal instituição esteve dedicada a renovação pedagógica a partir de ideais como coeducação, colaboração educativa, investigação pedagógica e transformação social e une-se a um pensamento pedagógico que tinha como intuito a europeização da Espanha, vinculado aos ideais iluministas, liberais ou revolucionários, muito distantes dos modelos educativos mais tradicionais e de cunho religioso que imperavam à época.

Sua obra teve forte influência do idealismo alemão, tendo em vista o impacto dos estudos realizados em três viagens ao país. De acordo com Bonilla (2024), o autor se aproxima da filosofia neokantiana a partir da relação com seus professores e mentores, Hermann Cohen (1842-1918), com o qual desenvolvia reflexões relacionadas a metafísica, ética e estética, e Paul Natorp (1854-1924), com o qual se aproximara de uma vertente mais pedagógica e política.

Assim, o regeneracionismo pedagógico da Espanha na primeira metade do século 20 deve-se em grande parte a Ortega y Gasset. As traduções para o espanhol do alemão de *Pedagogia Social* (1913) e *Curso de Pedagogia* (1915), de Paul Natorp, serão decisivas para as mudanças educacionais que ocorrem na Espanha. As obras acabam sendo exiladas junto a professores e pedagogos para a América Latina nas guerras mundiais e na guerra civil espanhola, e acabam também refletindo nas construções e reflexões que têm continuidade no americano.

Desse modo, este capítulo adota o autor com o intuito de refletir sobre a influência de sua produção à Pedagogia Social. Além de um apanhado mais geral sobre o autor, que visa situar o leitor, adota-se como obra principal o livro *Pedagogía Social como Programa Político*, na qual a relação das reflexões do autor com o campo da Pedagogia Social ficam mais explícitas.

Breve biografia do autor

José Ortega Y Gasset nasceu em 9 de maio de 1883, em Madri, na Espanha, e morreu na mesma cidade em 18 de outubro de 1955. Renomado filósofo espanhol, filho de Dolores Gasset Chinchilla e José Ortega Munilla, nasceu em uma família da alta burguesia madrilenha; tanto a família do pai quanto a da mãe eram conhecidas e prestigiosas na Espanha. A família de Dolores Gasset era dona do jornal *El Imparcial*, no qual seu pai era jornalista e editor. O editorial fora criado pelo avô de José Ortega y Gasset, Eduardo Gasset, um monarquista liberal, e nele publicavam renomados intelectuais da época.

A primeira publicação de Ortega y Gasset foi aos seus 19 anos. A influência familiar tensionou o autor a preocupação com questões sociais e culturais da Espanha, o que o levou, inclusive, a participação política e a "considerar-se como a serviço de seu país" (Escámez Sánchez, 2010, p. 14). Porém, seu prestígio como escritor e ensaísta ficou evidente em 1909, ano no qual publica o artigo "Nueva Vida" (Valiente, 2016).

De acordo com a Fundación José Ortega y Gasset[38], o autor fez seus estudos iniciais no Colegio Miraflores de El Palo, em Málaga, no qual ingressou aos 8 anos de idade, permanecendo de 1891 até 1897. Posteriormente, em 1897, ingressou na Universidad de Deusto e Universidad Central de Madrid, cursando Filosofia e Letras; ambas instituições de ensino eram jesuítas. De acordo com Escámez Sánchez (2010), Ortega Y Gasset conclui seu doutoramento no ano de 1904, com a tese *"Los terrores del año mil: crítica de una leyenda"*. Sobre as instituições de ensino que frequentou, o intelectual tece críticas, salientando a intolerância, as limitações e a incompetência intelectual dos religiosos[39].

É importante salientarmos o momento histórico vivido pelo autor e seus contemporâneos, tendo em vista que algumas temáticas ou até mesmo posicionamentos podem ser mais bem compreendidos quando analisados à luz da história. Nesse sentido, salientamos que a Espanha, em 1898, vivia um período importante, no qual, após disputas territoriais com outros países da Europa, assina o acordo de paz de Paris, renunciando aos direitos de soberania sobre Cuba e "cedendo" Porto Rico a outras nações, o que causa uma grande tristeza à população, um sentimento de desvalor, que fez com que grande parte da atividade intelectual da época estivesse voltada para os "problemas da Espanha", buscando explicar sua decadência (Escámez Sánchez, 2010). Esse contexto social, histórico e político parece se expressar nos escritos, críticas e reflexões de Ortega y Gasset, direcionando suas ações para a educação do povo espanhol, como forma de superação desses problemas. De acordo com Valiente (2016), Ortega y Gasset via o problema da Espanha como "falta

---

[38] *Cf.* https://ortegaygasset.edu/legados/jose-ortega-y-gasset/
[39] *Cf.* Al Margen del Libro "A.M.D.G.", v.1, p. 532-534 *apud* Scámez Sánchez (2010).

do espírito científico e de desenvolvimento da cultura, considerando que a solução passava necessariamente pela melhora da educação" (p. 174, tradução nossa).

Ortega y Gasset foi um ensaísta conhecido, e a maioria dos seus livros foi primeiro um artigo publicado em algum renomado jornal da Espanha; e, seus principais escritos foram ensaios. Por esse fato, é considerado um autor e pensador que não segue o padrão dos filósofos da sua época: seu pensamento não segue uma sistemática. De acordo com Escámez Sánchez (2010), uma de suas características especiais se refere à curiosidade, haja vista que seus escritos com frequência versavam sobre acontecimentos do seu tempo, que lhe despertavam a atenção e o interesse. Desse modo, seus escritos tinham um cunho poético e dialogavam muito com o público, que envolvido pela escrita tinha dificuldade de fazer uma análise crítica rigorosa (Escámez Sánchez, 2010). De acordo com Valiente (2016), o autor escreveu sobre quase todos os temas possíveis em diálogo com as efervescências do momento vivido, ou mesmo com as discussões que se fazia na sociedade espanhola, com exceção da Guerra Civil e do franquismo, fato esse que lhe trouxe uma série de críticas e dúvidas sobre seu posicionamento político.

Foram determinantes para a formação do autor três viagens à Alemanha, realizadas em 1905, 1907 e 1911, quando aprofundou seus estudos sobre o idealismo alemão. No ano de 1909, Ortega y Gasset foi nomeado catedrático da Escola de Psicologia, Lógica e Ética da Escuela Superior de Magisterio de Madrid, o que provoca seu retorno à Espanha. Em 1910 foi, também, nomeado como catedrático da Escola de Metafísica da Universidad Central de Madrid (Valiente, 2016). Sua obra teve forte influência do idealismo alemão, tendo em vista o impacto dos estudos realizados nas três viagens ao país. De acordo com Bonilla (2024), o autor se aproxima da filosofia neokantiana a partir da relação com seus professores e mentores, Hermann Cohen (1842-1918), com o qual desenvolvia reflexões relacionadas a metafísica, ética e estética, e Poul Natorp (1854-1924), com o qual se aproximara de uma vertente mais pedagógica e política. E, segundo Caride (2010), na escola Superior de Madrid, Ortega y Gasset ministra aulas de Pedagogía Social, tomando como referência os estudos e contribuições de Natorp.

Com tal influência e a partir da estadia em Marburgo, Ortega se inclina para o socialismo pedagógico e progressivamente seu interesse vai se voltando para a política, entendendo-a como ação pedagógica e cultural no mundo. Assim, a Educação passa a ser entendida por ele como uma forma de modificação e aperfeiçoamento da sociedade e, pode-se dizer, para ele essa seria uma forma de definir a Pedagogia Social (Valiente, 2016).

Desse modo, Ortega y Gasset acaba sendo uma importante via para propagação do viés alemão da Pedagogia Social, a partir da disseminação das ideias e produções de Natorp e Pestalozzi no contexto Espanhol, que posteriormente tem impacto também às construções na América Latina. O nome de Paul Natorp constava na lista de autores que eram estudados na Departamento de Filosofia do Centro de Estudos Históricos da "Junta de Ampliación de Estudios", sessão dirigida por Ortega y Gasset, na qual também colaborou, em 1913, María de Maeztu, que, orientada pelo próprio Ortega, estudara a Pedagogia Social em Marburgo e posteriormente trabalhou na tradução de, pelo menos, dois livros de Natorp para o espanhol (Sierra, 1997).

Pedagogia Social como Programa Político: breve reflexão sobre a obra

A obra Pedagogia Social como Programa Político, trata-se da organização de uma conferência proferida por Ortega y Gasset, na sociedade "El Sitio" em Bilbao, em uma reunião de socialistas. É nessa obra que o autor explicitamente utiliza a terminologia Pedagogia Social e expõe sua compreensão sobre ela e sobre a Educação (Sierra, 1997). Entretanto, há que se considerar que em toda a sua obra filosófica há muito sobre sua atitude pedagógica (Casado, 2005 *apud* Valiente, 2016).

No início da obra *Pedagogía Social como Programa Político*, fica bastante evidente o contexto histórico vivido pelo autor e sua influência na crítica à sociedade espanhola a qual nos referimos no ponto anterior deste capítulo. A obra inicia com o título "pesimismo metódico", no qual o autor fala sobre seu desgosto com uma Espanha mergulhada na amargura, inundada por dois tipos de patriotismo que não levam a lugar algum: o primeiro que considera a pátria uma condenação do passado e como presente que nos é oferecido, que ele chama de "patriotismo inativo" (Ortega y Gasset, 2002, p. 81), e o segundo que, ao contrário, entende que pátria é algo inatingível, ainda que o ser humano trabalhe com todas as suas forças para construí-la, para estes, pátria é tudo que nunca seriam os espanhóis à época.

Assim, Ortega introduz sua crítica aos problemas da Espanha, os quais, segundo ele, somente poderiam ser superados pelo esforço comum dos homens: de forma comunitária. Nesse sentido, ressalta: "o problema da Espanha, como digo, é o de transformar a realidade social" (Ortega y Gasset, 2002, p. 82, tradução nossa), e como instrumento para essa transformação ressalta a política. Para ele, o povo espanhol necessitava da política, de um governo com ideais, que saiba onde se quer chegar, com base crítica e científica, não apenas com o desejo de governar.

Nesse ínterim, Ortega y Gasset ressalta a necessidade de transformação, que seria possível apenas por meio da Educação, de uma formação cidadã. Salienta, assim, que "pela educação obteremos de um indivíduo imperfeito, um homem virtuoso" (Ortega y Gasset, 2002, p. 83, tradução nossa). Porém, o autor ressalta aqui que não se refere a uma educação do indivíduo, mas sim uma educação comunitária.

No que tange a sua reflexão sobre a Pedagogia, ele ressalta que se apresentam dois problemas fundamentais: 1) determinar qual homem deseja formar; 2) encontrar os meios para efetivar essa formação. Sobre esses dois problemas, ele propõe as seguintes soluções: para determinar qual homem deseja formar, ou seja, a finalidade da ação pedagógica, deve-se utilizar os conhecimentos científicos produzidos, pois a ciência pedagógica é responsável pela determinação científica das finalidades da Educação; e, para encontrar as formas de fazê-lo, deve-se buscar meios intelectuais, morais e estéticos, tendo em vista potencializar o educando em direção a um ideal, que é essencialmente político.

Para Ortega y Gasset, o homem não é um ser biológico, mas, Social, portanto, é por meio da relação com os outros seres humanos, no âmbito comunitário, que tem centralidade no trabalho, que nos constituímos. Desse modo, segundo ele, não é no ser biológico que a pedagogia deve se focar, mas no homem interior, aquele que pensa, que sente e que deseja. Nesse sentido, salienta na obra que a ciência, a moral e a arte são características especificamente humanas e que seus conteúdos não são patrimônio individual, mas uma construção comunitária e histórica: cultural. O homem como tecido social, corroborando as ideias de Natorp (Sierra, 1997).

Assim, o pedagogo não se relacionaria com o indivíduo, mas com o tecido social e a Educação se refere a uma perspectiva comunitária e cidadã. Ao compreender o homem como um ser social, o autor ressalta que "todo o individualismo é anticientífico. Portanto, a pedagogia individual será também um erro [...]" (Ortega y Gasset, 2002, p. 89, tradução nossa). Destacando as contribuições de Platão, o autor refere que é necessário educar a cidade, para que a cidade eduque o indivíduo. E, fazendo referência a Pestalozzi, ressalta que a educação escolar, é apenas um momento da educação e não a educação em si. Do mesmo modo, para Ortega, a educação familiar não é suficiente.

A partir daí surge a Pedagogia Social como forma de proporcionar ao sujeito culturalmente constituído uma formação realmente significativa e comunitária, destacando que "o social é a combinação de esforços individuais para realizar uma obra comum" (Ortega y Gasset, 2002, p. 90, tradução nossa). Para o autor, o social se refere aos esforços individuais, ao trabalho, para a realização de uma obra comum; trata-se, pois, da comunidade do trabalho orientado por critérios racionais, assim, a comunidade é uma cooperação e seus membros são sempre trabalhadores; "socializar o homem é fazer dele um trabalhador na magnífica tarefa humana, na cultura onde cultura abarca tudo, desde arar a terra, até compor versos" (Ortega y Gasset, 2002, p. 92, tradução nossa).

O homem, para Ortega y Gasset (2002), precisaria desenvolver a consciência do sentido do seu trabalho e nisso consistia, para o autor, o valor ético da Pedagogia Social. Para que essa tarefa fosse de fato alcançada, o autor ressalta a importância do papel de uma educação laica e pública, desempenhada necessariamente pelo Estado, garantindo assim uma mesma Educação para todos, pela sociedade e para a sociedade.

Assim, com espírito democrático, cada comunidade e todos os povos deveriam tornar-se verdadeiras escolas de humanidade, tendo em vista que a sociedade é, para o autor, o único fim da Educação. A Pedagogia Social como um Programa político, referia-se a uma ação com a finalidade de melhorar a vida nacional, sendo a política responsável por transformar a realidade social, na constante correlação entre indivíduo e sociedade.

Contribuições à Pedagogia Social

Influenciado pela sociologia da educação alemã (Caride & Ortega, 2015), Ortega y Gasset enfatiza que as condições econômicas, sociais ou culturais presentes nos contextos e nos territórios são fundamentais para a abordagem, os fundamentos, as práticas e a tomada de decisão desenvolvidos a nível pedagógico, tendo em vista que considera como função essencial da Educação a transformação social. Assim, o sentido cultural da Educação situa os saberes no concreto e permite certa horizontalidade compreensiva, subjetiva e intersubjetiva dos contextos e das relações, haja vista que se colocam em jogo os diferentes saberes produzidos nos diferentes contextos. Além disso, trata-se de uma Educação sensível e comprometida com as dificuldades e problemas sociais, que não são de natureza especialmente curricular, ou de caráter individualista, mas de natureza social e cultural.

Desse modo, não há dúvidas de que uma das dimensões teóricas, práticas e axiológicas fortemente relacionadas com a Pedagogia Social é sua perspectiva comunitária, o que se coaduna com as ideias de Natorp. É imprescindível compreendermos a aprendizagem como um processo que se constrói nas e a partir das relações humanas (Rocha, 2020) e, portanto, como compromisso coletivo e como dinâmica comunitária. Ortega y Gasset (2002) explicava esse enfoque a partir das circunstâncias, a partir do cultural e social, afastando-se de uma visão mais institucionalizada de Educação, que de modo geral, tem centralidade em uma didática com foco no estudante, no professor, na aula e na escola. É possível destacar também que Educação desde as relações humanas é uma característica educativo-social que está presente de forma contundente na Educação Popular e educação comunitária na América Latina (Del Pozo Serrano & Astorga, 2018), perspectivas teóricas que por vezes se chocam com os paradigmas europeus, mas que também se complementam e se fundem em determinados contextos, de forma complexa e contraditória.

Como indica Ribas Machado (2018), os princípios da educação comunitária coexistem entre Natorp e Freire. E esta dimensão da educação da sociedade e da educação a partir da comunidade é compartilhada por Ortega y Gasset, que se refere à educação como um processo muito mais amplo do que a escolarização. Nesse sentido, trata-se de uma perspectiva que favorece a educação para a vida e a partir da vida, que transcende o tempo e o espaço; e que, portanto, acontece a partir do conjunto de dimensões e ambientes em que o ser humano, de forma ecossocial, se desenvolve.

Essa pedagogia trabalha "a consciência como socialização crítica e para a autonomia pessoal-coletiva [...], quando indica que 'só uma educação social pode dar a ideia do bem comum'" (Zenobia *et al.*, 2016, p. 533, tradução nossa). Assim sendo, no âmbito da Educação Social é possível percebermos o propósito da conscientização social como ação para a mudança e o bem comum. Ortega y Gasset (1946, p. 80) expressa-o quando refere que "a vida da nossa consciência é movimento", um princípio educativo que é consubstancial às várias tradições socioeducativas internacionais (Del Pozo Serrano; Rolim; Jassir, 2021, p. 17)

Outra contribuição importante da produção do autor em questão, é a compreensão da Educação Social como direito humano e dever do Estado e, portanto, como ação presente no desenho político e no desenvolvimento que o Estado deve garantir, o que implica um compromisso com a Educação Social e Comunitária que contribui para a qualidade de vida e o bem-estar, a partir de modelos de justiça social. Essa dimensão sempre esteve presente em pedagogas sociais como Geltrud Baumer (Pérez-Serrano, 2002), e também em Ortega y Gasset.

Nesse sentido, o autor salienta que

> se a educação é a transformação de uma realidade no sentido de uma certa ideia melhor que possuímos, e a educação não deve ser senão social, teremos que a pedagogia é a ciência da transformação das sociedades. Costumávamos chamar isso de política: aqui, então, a política se tornou pedagogia para nós e o problema espanhol, um problema pedagógico (Ortega Y Gasset, 1983, p. 15, tradução nossa).

Assim, Pedagogia Social enquanto ciência, e Educação Social enquanto campo, como definem os europeus, estão intrinsecamente relacionados com a transformação social, o que é, de fato, um posicionamento político.

Ainda, o interesse da Pedagogia Social pelo concreto é uma das principais diferenças do pensamento filosófico-educacional da geração de 14, em relação a outras correntes sociopedagógicas. Isso supõe um distanciamento do idealismo platônico e mais positivista, para aceitar posições mais próximas do raciovitalismo de Ortega (da razão histórica dos acontecimentos humanos) que valoriza a objetividade como amor à verdade, a partir da vontade, da autonomia e as próprias decisões (Rumayor, 2015). Talvez ousemos sugerir que nesses fundamentos sociopedagógicos está a necessidade da territorialidade, o compromisso tangencial com a ação, a autoafirmação e a Pedagogia Social como pedagogia da escolha (Úcar, 2018).

Nesse sentido, Ortega defende que a ciência deve nascer das necessidades das pessoas, do espírito. Nesse quadro ontológico, a Pedagogia Social alemã, com forte influência na formação de Ortega y Gasset, nasceu após a Primeira Guerra Mundial, refletindo, estudando e projetando a necessidade de uma nova socialização e uma nova sociedade, na qual as condições de vida das pessoas mais afetadas pela guerra fossem melhoradas. Sendo assim, a Pedagogia Social afirmada como uma ciência, nasce de uma necessidade extremamente concreta. A Pedagogia Social esteve sempre presente com o intuito de reparar e reduzir o impacto da exclusão social, com um foco muito mais amplo do que a Educação Escolar, buscando trabalhar para garantir, defender e promover os Direitos Humanos.

Considerações finais

A Educação para e com o povo teve importante participação do renomado filósofo Espanhol Ortega y Gasset, na medida em que ele publicou inúmeras obras, conferiu palestras e ministrou aulas com reflexões pedagógicas voltadas para a Educação do povo, disseminando, ainda, a perspectiva da Pedagogia Social alemã, principalmente as ideias de Paul Natorp. De modo geral, é possível destacar a função da Pedagogia Social, para o autor, como possibilidade de ação e posicionamento político para a transformação social, partindo da consciência crítica e do sentido do trabalho individual na composição coletiva.

Para tanto, seria necessário o investimento em processos educativos voltados para as comunidades, tendo em vista que o ser humano é ser social e não individual. Cientificamente, se sustenta o posicionamento de que processos mais orgânicos que se coadunem com projetos comunitários, ou seja, que se relacionem com o trabalho e a ação de um povo que se une em torno de um objetivo comum, tende a ser mais coerente e mais fértil, pela natureza do próprio homem, que não é biológica, mas social.

Nesse sentido, conclui-se, parafraseando o autor aqui considerado como fonte da Pedagogia Social, Ortega y Gasset, que a Educação Social é política na medida em que buscamos, a partir dela, mudar ou transformar a realidade de acordo com um ideal, com uma direção que deve ser estabelecida a partir do pensamento científico (essencialmente a Pedagogia Social), utilizando-nos de meios intelectuais, morais e estéticos, típicos da produção cultural humana. Assim, constitui-se uma Educação com o povo e para o povo.

Obras de Ortega y Gasset

Obras em Espanhol (Scámez Sánchez, 2010)

Biología y pedagogía. El Sol, Madrid, v. 3, p. 131-133,16 mar. 1923.

Editorial. **Revista de Occidente**, v. 1, p. 53-57, 1983.

Elogio de las virtudes de la mocedad. [Madrid: s.n.], 1925.

En el centenario de una universidad [Conferência na Universidade de Granada por ocasião do centenario da universidade]. **Revista de Occidente,** Madrid, v. 5, p. 463-473, 1931.

La hora del maestro. [Madrid: s.n.], 1913.

Misión de la universidad. [Texto de uma conferência na Universidade Central de Madrid]. **Revista de Occidente,** Madrid, v. 4, p. 315-353, 1930.

Obras completas. Madrid: Alianza, 1906.

Para los niños españole. [Madrid: s.n.], 1928.

La pedagogía de la contaminación. [Madrid: s.n.], 1917.

La pedagogía del paisaje. **El Imparcial,** Madrid, 17 sep. 1906.

La "Pedagogía General" derivada del fin de la educación de J. F. Herbart. **Revista de Occidente,** Madrid, v. 6, p. 265-291, 1914.

La pedagogía social como programa político. **Exposé prononcé devant la Sociedad "El Sitio",** Bilbao, v. 1, p. 503-521, 12 mar. 1910.

Pedagogía y anacronismo. **Revista de Pedagogía,** Madrid, v. 3, p. 131-133, jan. 1923.

Sobre el estudiar y el estudiante. **La Nación,** Buenos Aires, v. 4, p. 545-554, abr. 1933.

Sobre las carreras. **La Nación**, Buenos Aires, v. 5, p. 167-183, sep./oct. 1934.

Apuntes para una educación del futuro. [Intervenção à reunião do Fondopara el Progreso de la Educación]. **Revista de Occidente**, Madrid, v. 9, p. 665-675, maio 1952.

Obras em Português (Scámez Sánchez, 2010)

A desumanização da arte. São Paulo: Cortez, 1999.

A ideia do teatro. São Paulo: Perspectiva, 1991.

A rebelião das massas. São Paulo: Martins Fontes, 2002.

Adão no Paraíso e outros ensaios de estética. São Paulo: Cortez, 2002.

Em torno de Galileu. Petrópolis: Vozes, 1989.

Estudos sobre o amor. Lisboa: Relógio d'Água. 2000.

História como sistema: Mirabeau ou o político. Brasília: UnB, 1982.

Meditação da técnica. Rio de Janeiro: Livro Ibero-Americano, 1963.

Meditações do Quixote. Rio de Janeiro: Livro Ibero-Americano, 1967.

Missão da universidade. Rio de Janeiro: UERJ, 1999.

O homem e a gente. Rio de Janeiro: Livro Ibero-Americano, 1973.

O que é o conhecimento? Lisboa: Fim de Século, 2002.

Origem e epílogo da filosofia. Rio de Janeiro: Livro Ibero-Americano, 1973.

Que é filosofia. Rio de Janeiro: Livro Ibero-Americano, 1971.

Sobre a caça e os touros. Lisboa: Cotovia, 1995.

Referências

BONILLA, Javier Z. **Guía de Comares de Ortega y Gasset**. Granada: Comares, 2013.

BONILLA, Javier Z. Unas notas sobre la pedagogía de Ortega y Gasset. **Daimon. Revista Internacional de Filosofía**, Murcia, n. 91 p. 1-18, 2024. DOI: https://dx.doi.org/10.6018/daimon.482051.

CARIDE, José. A. La pedagogía social como programa político. **A página da educação**, Santiago de Compostela n. 188, S. II, 2010. Disponível em: https://www.apagina.pt/?aba=7&cat=533&doc=14851&mid=2. Acesso em: 30 mar. 2022.

CARIDE, José. A.; ORTEGA, José. From Germany to Spain: origins and Transitions of Social Pedagoy through 20th Century Europe. *In:* KORNBECK, Jacob.; ÚCAR, Xavier. (ed.). **Latin American Social Pedagogy**: relaying concepts, values and methods between Europe and the Americas. Bremen: EHF Academic press Gmbb-Verlag, 2015, p. 13-27.

CASADO, Àngel. Ortega y la educación. **Conferencia impartida en las jornadas "Cincuenta años de Ortega y Gasset (1955-2005)"** de la AHF, 2005.

DEL POZO SERRANO, Francisco. J.; ASTORGA, C. M. La Pedagogía Social y Educación Social en Colombia: Corresponsabilidad Institucional, Académica y Profesional necesaria para la Transformación Social. **Foro de Educación,** La Rioja, n. 16, v. 24, p. 167-191, 2018. DOI: http://dx.doi.org/10.14516/fde.477

DEL POZO SERRANO, Francisco.; ROLIM, L.; JASSIR, G. La Pedagogía Social y la Educación social latinoamericana: Prácticas, formación e investigación desde la región. **RES, Revista de Educación Social**, Barcelona, n. 32, p. 13-29, 2021. Disponível em: https://eduso.net/res/revista/32/el-tema-investigaciones/para--probar-seccion. Acesso em: 30 mar. 2022.

ESCÁMEZ SÁNCHEZ, Juan. **Ortega y Gasset**. Recife: Fundação Joaquim Nabuco, Editora Massangana, 2010.

ORTEG Y GASSET. La pedagogía social como programa político. *In:* MARTÍN, Teodoro. M. **Educación y participación en Madrid**: uma perspectiva histórica. Espanha: 2002, p. 76-96.

ORTEGA Y GASSET. **La pedagogía social como programa político**. Obras completas, I. Madrid: Alianza Editorial-Revista de Occidente, 1983, p. 506-520.

PÉREZ-SERRANO, Glória. Origen y evolución de la Pedagogía Social. **Revista Interuniversitaria**, Sevilla, n. 9, p. 193-231, 2002. Disponível em: https://www.redalyc.org/pdf/1350/135018332011.pdf. Acesso em: 31 mar. 2022.

RIBAS MACHADO, Érico. Interfaces entre la educación popular de Paulo Freire y la Pedagogía Social en el contexto brasileño. *In:* DEL POZO SERRANO, F. J. **Pedagogía Social en Iberoamérica**. Fundamentos, ámbitos y retos para la acción socioeducativa. Barranquilla: Universidad del Norte, 2018. p. 53-71.

ROCHA, Juliana S. **A Constituição Subjetiva de Educadoras(es) Sociais**: tornar--se educador(a) no processo de vida. 2020. 228f. Tese (Doutorado em Educação) – Programa de Pós-Graduação em Educação, Pontifícia Universidade Católica do Rio Grande do Sul, Porto Alegre, 2020. Disponível em: http://tede2.pucrs.br/tede2/handle/tede/9281. Acesso em: 31 mar. 2022.

RUMAYOR, Miguel. El raciovitalismo de Ortega y la universidad que buscamos. **Revista española de pedagogía**, [s. l.] n. 260, p. 73-87, 2015.

SIERRA, Félix. S. Regeneracionismo y tutela pedagógica. En torno a Ortega y su pedagogía social como programa político (1910). **Revista de Educación**, Barcelona, n. extra, p. 65-75, 1997. Disponível em: https://www.educacionyfp.gob.es/revista-de-educacion/numeros-revista-educacion/numeros-anteriores/1997/re1997/re1997-05.html. Acesso em: 28 mar. 2022.

ÚCAR, Xavier. La pedagogía social frente a las desigualdades y vulnerabilidades en la sociedad. **Zona Próxima,** Barranquilla, n. 29, p. 52-69, 2018. Disponível em: http://www.scielo.org.co/pdf/zop/n29/2145-9444-zop-29-52. Acesso em: 31 mar. 2022.

VALIENTE, Guilhermo. La pedagogía social de Ortega y Gasset (1902–1914): una concepción comunitaria de la educación. **Tiempo y Sociedad**, [s. l.] n. 22, p. 169-192, 2016. Disponível em: https://tiemposociedad.files.wordpress.com/2016/01/pedagogia-social-de-ortega-y-gasset.pdf. Acesso em: 30 mar. 2022.

RAQUEL CAMAÑA
(1983-1915)

RAQUEL CAMAÑA Y LA PEDAGOGÍA SOCIAL, APORTES Y POSIBILIDADES

María Raquel Schettini Castro

Elementos biográficos

Raquel Camaña nació en Buenos Aires el 30 de setiembre de 1883. Estudió en la Escuela Normal Nº1 de la ciudad de La Plata bajo la dirección de la educadora Mary O. Graham; Miss Mary; quien había llegado al país junto a cuarenta y una educadoras traídas por el presidente Domingo F. Sarmiento el mismo año de nacimiento de Raquel.

Se diploma en la escuela de Lenguas Vivas en pleno auge del normalismo, asistiendo luego a cursos de lógica dictados por Nicolás Matienzo en la Facultad de Filosofía y Letras, y a los de psicología brindados por José Ingenieros.

Sus preocupaciones sobre los comportamientos sociales y el lugar social de la mujer, junto con el rol que jugaban las instituciones educacionales para esos problemas impactaron para la época, llevándole a participar activamente en 1907 del Primer Congreso Femenino del Comité Pro Sufragio Femenino, con destacada actuación y huellas.

En 1910 junto a Miss Mary concurrió al Congreso de Higiene Escolar celebrado en París, donde presentó planes de trabajo que sorprendieron y despertaron curiosidad debido a la modernidad de sus elaboraciones conceptuales y enfoques. Su actuación le valió asimismo ser invitada a Bélgica al Congreso de Pedagogía e Higiene y a Madrid, donde brindó una serie de conferencias en el Ateneo.

Continuando con sus exposiciones, presenta en el mismo año, su tesis titulada «La cuestión sexual», la cual fue recibida con unánime aprobación y obteniendo la recomendación por parte de la Sociedad de Higiene Pública de que fuera incluida en las currículas académicas.

Paradójicamente se postula para la Cátedra de Ciencias de la Educación y recibe el rechazo, escribiendo en consecuencia un artículo que tituló "El prejuicio social y el profesorado en la Facultad de Filosofía y Letras".

Concurrió al Congreso de Higiene Escolar realizado en París como representante oficial y posteriormente, junto a otras mujeres pujantes e innovadoras de ese momento, en 1913 realizan el Primer Congreso del Niño.

Su pensamiento social y político estuvo emparentado con el socialismo argentino, denotaba una indagación permanente sobre los problemas sociales poco explorados para la época, dejando un legado de obra pedagógica, donde luego sus escritos se dieron a conocer en forma de conferencias, evidenciando sus motivaciones hacia los debates públicos y abiertos.

Las principales líneas de pensamiento fueron la protección a la infancia y a los desvalidos, dirigiendo críticas al modelo de educación imperante de la época.

Raquel Camaña decía:

> La escuela actual, desde el Jardín de Infantes hasta la Universidad, en nuestra Argentina y en el resto del mundo, no educa para la vida: enseña a leer, escribir y contar: hace funcionarios públicos, maestros, abogados, médicos, ingenieros, pero no se preocupa de formar al hombre-

Pedagoga, pensadora y docente que publicó artículos en la Revista de Derecho, Historia y Letras. A los 32 años de edad falleció en la ciudad de Buenos Aires, el 21 de octubre de 1915. Poco tiempo después, la editorial "La cultura argentina", dirigida por José Ingenieros, publicó dos de sus obras: Pedagogía Social (1916) con prólogo de José Zubiaur y El dilettantismo sentimental (1918) prologado por Alicia Moreau de Justo.

Qué dicen de la autora y quién lo dice

El presente capítulo presenta la exploración bibliográfica de época y de quienes han incursionado en ampliar las miradas hacia una pedagogía social desde una educadora que a comienzos del siglo XX realiza planteos que nadie había explicitado dentro del sistema escolar argentino. El contexto preponderante en Argentina auguraba tiempos de cambio y deseos de promulgaciones de políticas innovadoras, especialmente en el ámbito de la educación, ubicando en este escenario a Raquel Camaña, sus aportes y posibilidades en su sistema educativo que experimentaba tensiones.

Se exploraron obras de la pedagoga presentada, acompañados de lectura en los aportes de investigaciones y artículos publicados de los siguientes autores: Antonio Caride (2003), Sandra Carli (2005) y Myriam Southwell (2015) entre otros.

Escribir y traer a hoy día a Raquel Camaña es ponerse en la piel de la pedagoga y viajar a su contexto casi 100 años para encontrarse con líneas de pensamiento que aún estamos en búsqueda. Transformaciones de ideales en identidades hacia un colectivo educativo social que en latinoamérica confluye con vertientes de otros continentes y hoy se desea ahondar en el Río de la Plata.

El libro, "Pedagogía Social" publicado luego del fallecimiento de Raquel Camaña, posee una introducción escrita por José B. Zubiaur, quien nos deja su relato, apelando a los recuerdos de la formación profesional de la pedagoga en su momento de titulación académica, recordándola de la siguiente manera:

> Culminaba entre éstas Raquel Camaña, que tenía la entereza y el fervor de Sarmiento en defensa del ideal educacional y científico; que tenía la varonil pujanza de su gran maestra Miss Graham, en su línea recta de conducta, en su desprecio de las convenciones sociales, y que en defensa de un feminismo sano, que no excluye el sondaje del organismo íntimo en que se incuba el ser, ha ido hasta donde sólo el carácter puede llegar.

Para nutrirnos de a poco en los ideales que impregnaban en la época, Carli (2005) nos presenta a una Camaña que estaba convencida de la posibilidad de mejorar la raza, considerando a la escuela *"como una instancia en el procesamiento de la nueva generación"*. Desde ese lugar defendía la necesidad de que en la institución se llevaran a cabo *"tareas ligadas a la protección social, la higiene, el aprendizaje de conocimientos, orientadores a forzar ciertas formas de solidaridad social"*.

Myriam Southwell (2015) hace referencia al estilo de narrativa de Raquel Camaña de la siguiente manera:

> [...] la escritura de Camaña no hay rasgos biográficos, no hay primera persona ni autorreflexividad; no es, asimismo, una escritura subalterna, una expresión de una voz subalterna, una concepción desde los márgenes. La escritura de Camaña tiene todos los componentes de formulación de diagnóstico general, prescripción y enunciación política estatal propia de los educadores de su época.

Por su parte, Alicia Moreau de Justo en el prólogo que escribe en *El dilettantismo sentimental* (1918) plantea por sobre las afirmaciones de Camaña:

Rechazaba toda intervención de la Iglesia en la educación y establecía como idea básica

> [...] la educación obligatoria, dada en igualdad de condiciones, en las escuelas del Estado: popular, laica, encargada de instruir solidarizando los vínculos entre las distintas clases sociales, uniformando la orientación educativa (Camaña, 1918).

Qué funciona

Indagar y encontrarse con la autora es una experiencia de descubrimientos entendiendo sus caminos transitados como los incipientes en la interdisciplinariedad, la cuestión social, las injusticias y desamparos a poblaciones vulnerables y vulneradas, la insistente reivindicación de los derechos humanos y el factor humanidad a cada acción desarrollada.

Saber y reconocer las lógicas institucionales explicitadas hace aproximadamente 100 años y encontrarnos con la realidad hoy da tristeza y pensamiento hacia los tiempos históricos que parecen retrotraerse, no avanzar o entrar en un espiral que tiende a los inicios, cuestionandonos del porqué no funciona a paso de hombres y mujeres que siguen los procesos que dan la impresión de ser batidos dentro de una melaza. Cuánto pesa, cuánto pesar de las realidades y cuánta justificación faltará para hacer de los derechos humanos una realidad que no necesite evidencias de incumplimientos o ceguera institucional de procedimientos.

Entonces, los granitos de arena que pedagogas y pedagogos latinoamericanos en este último siglo han dejado de legado, hace a la necesidad de retomar huellas, contextualizar los ideales que Raquel Camaña con convicción defendió hasta su lecho de muerte, dando batallas y sin permitirse opacar o dejar de sonar su voz. Escritos, discursos y relatos a desempolvar, que latinoamérica espera la concreción de la diversidad pedagógica, porque así funciona.

Reconociendo a los otros y otras, mirando hacia horizontes diversos y en el respeto y oportunidades en clave de derechos, eso si funciona. Porque como dice un tango por allí, que 100 años no es nada, entonces recién estamos madurando las ideas, confluyendo en pensamientos y organizando los colectivos, porque así se inicia cuando se desea decir, si funciona.

Justificación de la elección de la obra para el estudio

El encuentro con Raquel Camaña a través de los otros es un encontrarse con su historia y quienes escriben de ella y sobre ella. Nos invita al ejercicio de valorizar y comprender los tiempos históricos que acontecen hoy día que comparten antecedentes en referencia a los sistemas educativos argentinos, sus políticas públicas implementadas y las que aún siguen en vigencia esperando su lugar de implementación plena, tal como lo deseaba y expresaba Raquel.

Vivir en el 1900 y tener preocupaciones que interpelan la realidad, los modelos instaurados en referencia al ser y el deber ser de las personas seguramente no debió ser fácil para su transitar. El auge de creaciones de escuelas normales y el cuerpo normativo para la educación elemental hizo piel en el cuerpo de la autora, creando materiales en un campo de saber pedagógico. Su formación académica, el posicionamiento desde su rol de educadora generó además algunas tensiones y le mostró las limitaciones en el contexto, las que al leer en la actualidad, cobran vigencia e interpelación regional en latinoamérica.

Principales inspiraciones de la autora

Podríamos significar varias fuentes de inspiración de la autora, iniciando en su formación académica con la cercanía de Mary O. Graham y el contexto que hizo su tarea en la subjetividad de Camaña. Se evidencian huellas en la persona, impregnadas en su conformación de pensamiento y en las líneas pedagógicas que años después se reconocieron. Los procesos modernizadores que en la primera década del siglo XX se asomaban con leyes educacionales hacia la laicización, la ley del registro civil y el servicio militar entre otras, hicieron en ella un pensar hacia y en la referencia, en una continuidad del siglo XIX donde se había institucionalizado un modelo hegemónico en el modelo educativo, donde se colaban los temas de debates en aspectos más internos a la organización de la enseñanza, la cotidianeidad y sus prácticas, lo didáctico-pedagógico, en un ambiente escolar que había adoptado discursos provenientes de la medicina y la bilogía, fundamentados en el miedo e idea de peligro del retorno de la barbarie, asumiendo esta finalidad la escuela.

El contexto socio histórico ubicado en la década de 1910, con impactos por la Primera Guerra Mundial, trae la necesidad cotidiana de revisar la idea de crisis, el rol de los intelectuales y la política, la Nación, el antimperialismo, los proyectos políticos de transformación social, interpelación/ representación de los grupos subalternos, en términos de clase, étnicos y/o etarios (obreros, campesinos, jóvenes), en cuya base operaba la idea de cultura como portadora de valores emancipatorios. Southwell (2013).

Principales conceptos que aborda su trabajo

Sus producciones escritas, hacen referencia y sostienen una línea de pensamiento entorno a la finalidad de toda obra educativa, dándole la categorización de creación de realidades sociales. Su mirada crítica del momento histórico le provocó promulgación de propuestas pedagógicas, ubicando el lugar desde donde hacer el acto educativo y posicionamiento, develando su carisma en dos palabras: educar humanamente, pensando en acciones dirigidas hacia quienes más necesitan.

La fuerte impronta deviene de formación normalista de época y sus rechazos hacia la intervención de la iglesia en la educación de la ciudadanía hacia una educación integral. Afirmaba que la educación debía contener al sujeto pedagógico integrado por la religiosidad en busca de su plenitud, donde la coeducación y la sexualidad tenían un lugar primordial.

La relación de la autora con la pedagogía social/educación social

El discurso de Raquel Camaña se evidencia centrado en las insuficiencias que mostraban las instituciones generadas en el siglo anterior y la crisis social que se hacía evidente en amplios sectores urbanos, en particular en niños y jóvenes desvalidos.

Pedagógicamente, desde nuestro interés por la pedagogía social, Raquel Camaña destaca en sus escritos la necesidad de hacer igualitaria la educación, observaciones singulares hacia la niñez desavalida en un siglo que iba construyendo jurídicamente la figura del menor en un circuito de encierro e internaciones frecuentes como solución a la problemática social, ubicando a la educación en un lugar de no prioridad para este grupo etáreo denominado, la minoridad.

Las condiciones en que acontecían los encierros hicieron de sus declaraciones denunciantes en referencia al capital humano que allí se hacinaba, junto con el impacto en la niñez que allí se alojaban por largos períodos. El acceso a la educación de calidad, igualitaria y garante de derechos no era una práctica común, por lo cual Camaña arremetía contra el Estado, sus responsabilidades y competencias.

Para el momento histórico argentino de la escuela primaria, se utiliza al normalismo en auge desde la cotidianeidad en la formación docente y como discurso pedagógico influyente, matrizando generaciones de educadoras y educadores. Normar, normalizar con un posicionamiento docente desde la omnipotencia de saberes, transmitiendo los valores de interés para la nación que se gestaba, intentando construir por este medio un cuerpo especializado y homogéneo, masificando y sosteniendo la expansión escolar. Ante estas trayectorias que se imponían en la época, Camaña arremete y cuestiona tales decisiones, anticipando el impacto en las nuevas generaciones y la construcción de las comunidades desde estos valores, reconociendo la fragmentación social y vulneración de derechos, buscando la igualdad de oportunidades.

Atribuye como finalidad educativa, la creación de realidades sociales, en plural y derribando lo imperante de su contexto, masificador, individualista y hegemónico.

Al decir de Antonio Caride en sus textos, cuando lo social se hace pedagogía, cuando las prácticas nos interpelan y hace reflexionar, buscar referencias o crear cuando aún no han sido enunciadas y es aquí donde se destaca Raquel Camaña, hace de lo individual una situación colectiva con perspectiva de derechos y promoción de garantías. Si la educación es social, la pedagogía que se interesa, también debe serlo.

Cuando lo educativo se visualiza en oportunidades para todos y a lo largo de la vida, con perspectiva democrática de construcción y ejercicio de ciudadanía, en donde los medios hacia los logros son la finalidad que cala hondo en la intencionalidad de las educadoras con respeto hacia los otros, viabilizando los accesos a lo que humanamente corresponde, allí algo acontece.

Continuando con lo expuesto, Paul Natorp, referencia a lo "social" de la educación y de su pedagogía, que "no es la educación del individuo aislado, sino la del hombre que vive en una comunidad, educación que hace a la comunidad, porque su fin no es sólo el individuo" (1913).

Con actitud visionaria e innovadora para su época, podemos asegurar que Camaña pedagógicamente abordaba la realidad y sus prácticas desde lo que hoy conceptualizamos como educación social. Encontramos en ella la fermentabilidad de acciones, donde

> [...] late un decidido afán reivindicativo: cohesionar a personas y sociedades entorno a iniciativas y valores que promuevan una mejora significativa del bienestar colectivo y, por extensión, de todas aquellas circunstancias que posibiliten su participación en la construcción de una ciudadanía más inclusiva, plural y crítica (Caride, 2003).

Nos encontramos ante la presencia de dimensiones sociales, culturales e históricas en los discursos de Raquel, sus acciones que dan cuenta y trascienden los escenarios más próximos a su entorno, tal como logró hacerlo en sus viajes y exposiciones en ámbitos académicos internacionales, trayendo en sus intercambios, numerosos aportes educacionales y humanistas. En su obra, "Pedagogía Social" plasma sus desvelos y preocupaciones, siendo sus indicios de lineamientos organizados en texto, desde la creación de las realidades sociales, la conformación de las comunidades con sus idealizaciones de " ser hombre y ser mujer", la preconstrucción de imaginativa de la realidad con inicio en los ideales agregando el rol del Estado desde este posicionamiento, la intención y lo que se podía anticipar en lógicas de resultados e impactos en la humanidad, traducidas a líneas políticas y acciones que coinciden con realidades latinoamericanas y podemos vernos reflejados, 100 años después, como sucede con las infancias en situación de amparo estatal con justificación profiláctica y la implementación de la educación sexual integral en las currículas educativas a quince años de haber sido promulgada ley, con justificación de obstáculos válidos para los sectores que las esbozan hoy y 100 años atrás.

Está en manos de quienes incursionamos los ámbitos educativos, hacer de estos ideales pedagógicos compañeros, una realidad social con énfasis en lo educativo, una construcción educativo social con prácticas críticas y reflexivas desde la pedagogía social. Al decir de Petrus (1997), estamos ante "[...] la acción consciente, reflexiva y planificada dirigida al logro de un cambio, de una evolución de cada individuo y, por ende, del grupo y la comunidad en la que está inserto".

En estudios, investigaciones y consensos de hace poco más de una década, afirmamos que la educación social es un derecho de la ciudadanía, por tanto, el educador social se afirma como un intermediario que facilita la articulación social e impide "...la marginación y la exclusión, a través de un proceso de interacción social para apoyar al individuo y a los grupos de riesgo en cuestión, para que puedan desarrollar sus propios recursos en una comunidad cambiante" (AIJEI, 2011).

Atribuyendo así a la corta trayectoria de vida y accionar permanente de Raquel Camaña, un corta e intensa vida educativo social, principalmente con las infancias. Postulaba en planeación la multidisciplinariedad necesaria para la realización asertiva y en articulación con los escenarios prácticos de estudiantes de diferentes disciplinas, haciendo un engranaje extensionista, de investigación y docencia, pilares del carácter universitario, requeridos y en prácticas obligatorias hoy día, preocupada en aquel entonces por la función que se le atribuía a la escuela, la cual no condice con su expresión de deseo, el educar para la vida.

Aspectos interactivos de la vida y obra de la autora fuente

Camaña se dejó interpelar por los debates del comienzo del siglo XX acerca de los principios para organizar las instituciones, no sólo las escolares sino también instituciones de encierro como hospicios e internados y la relación de ellas con otras instituciones como la iglesia. Ella adhería al socialismo y su pensamiento estaba orientado a abrir y ahondar la escolaridad en su dimensión más social.

Postulaba enfáticamente una educación integral -y este era el corazón de su noción de educación- que contuviera un sujeto pedagógico integrado por la religiosidad humana, que debía buscar los modos plenos de ser humano, donde la coeducación y la sexualidad tenían un lugar primordial. Religiosidad e instinto de procreación se articulaban a través de un elemento que transversaliza el eje curricular, la educación sexual.

Raquel Camaña conceptualiza y explicita a la sexualidad como la fuente desde la cual se conforma el sujeto social, a su vez moldeable, al punto de otorgar a la educación un papel distinto al que le reconoce el psicoanálisis.

Así lo manifestaba en sus presentaciones, disertaciones, escritos y discursos desde la academia y con llegada a escenarios en el exterior.

Horacio Tarcus (2021) ha organizado los aportes hemerográficos de la autora con sus menciones de principales artículos, los cuales se explicitan a continuación.

- "El prejuicio sexual y el Profesorado en la Facultad de Filosofía y Letras", en: Revista de Derecho, Historia y Letras, nº 37, Buenos Aires, 1910, p. 575-596.
- "Intoxicación literaria", en: Revista de Derecho, Historia y Letras, nº 38, Buenos Aires, 1911, p. 525-549.
- "La mentira vital", en: Revista de Derecho, Historia y Letras, nº 38, Buenos Aires, 1911, p. 236-252.
- "Herencia sexual", en: Revista de Derecho, Historia y Letras, nº 40, Buenos Aires, 1911, p. 330-336.
- "Ciclo integral educativo", en El Monitor de la Educación Común, año 31, nº 487, Buenos Aires, 1913, p. 33-39.
- "Inferioridad femenina", en Humanidad Nueva, año VI, tomo VII, nº 5, Buenos Aires, mayo de 1914.
- "El humanismo, como religión del porvenir" en Revista de Filosofía, año I, tomo I, nº 1 Buenos Aires, enero de 1915, p. 160-161.
- "Función social del egoísmo", en Revista de Filosofía, año I, tomo II, nº 6, Buenos Aires, noviembre de 1915, p. 410-414.
- "La mentira vital [enero 1911]", en Humanidad Nueva, año VII, tomo VIII, nº 10, Buenos Aires, octubre de 1915, p. 415-429.
- "La cuestión sexual" [31/10/1910], en Humanidad Nueva, año VII, tomo VII,I nº 10, Buenos Aires, octubre de 1915, p. 433-448.
- "Higiene psíquica", en Humanidad Nueva, año VII, tomo VII,I nº 10, Buenos Aires, octubre de 1915, p. 452-456.
- "El dilettantismo sentimental", en Revista de Filosofía, año III, tomo V, nº 3, Buenos Aires, mayo de 1917, p. 384-404.

Raquel Camaña colaboró con una veintena de artículos en la Revista de Derecho, Historia y Letras (1898–1923) que fundó Estanislao Zeballos, en Humanidad Nueva (Buenos Aires, 1910–1019) que dirigieron Enrique del Valle Iberlucea y Alicia Moreau, y luego en la Revista de Filosofía (1915–1929) que dirigió José Ingenieros. Estos escritos más otros inéditos—donde sobresalen una serie de análisis psicológicos de obras de la literatura contemporánea— fueron reunidos póstumamente por Ingenieros en dos volúmenes: Pedagogía social (1916) y El Dilettantismo sentimental (1918) en la colección La Cultura Argentina.

Referencias

ASOCIACIÓN INTERNACIONAL DE EDUCADORES SOCIALES (AIEJI). **Marco conceptual de las competencias del educador social.** 2011. Recuperado el 20 de mayo de 2021 de: http://eduso.net/res/pdf/13/compe_res_13.pdf

CARLI, Sandra. **Niñez, pedagogía y política.** Transformaciones de los discursos acerca de la infancia en la historia de la educación argentina entre 1880 y 1955. Buenos Aires: Miño y Dávila. 2000. Recuperado el 8 de agosto de 2021 de: http://biblioteca.clacso.edu.ar/clacso/otros/20160714055109/AnuarioN3.pdf

CAMAÑA, Raquel. **El dilettantismo sentimental:** Estudios literarios--Crónicas de tierra ad tierra adentro--Notas de viaje. La Cultura Argentina. 1918

CARIDE, Antonio. "L.as identidades de la educación social", **Cuadernos de Pedagogía**, núm. 321, p. 47-51. 2003. Recuperado el 8 de agosto de 2021 de: http://www.scielo.org.mx/pdf/peredu/v37n148/v37n148a16.pdf.

NATORP, Paul. "**Pedagogía social: teoría de la educación de la voluntad sobre la base de la comunidad**". Madrid, Ediciones de La Lectura. 1913. Recuperado el 8 de agosto de 2021 de: https://revistas.usal.es/index.php/0212-0267/article/view/11010.

PETRUS, Antonio. "**Pedagogía social**". Barcelona, Ariel. 1997. Recuperado el 8 de agosto de 2021 de: http://hum.unsa.edu.ar/Programas/Programas%20-%202014/Lic.%20en%20Cs.%20de%20la%20Educaci%C3%B3n/Pedagog%C3%ADa%20Social.pdf.

SOUTHWELL, Myriam. Raquel Camaña: pedagogía social, moral y sensibilidad en el comienzo del siglo XX. **Historia de la educación – anuario**, v. 16, n. 2, p. 109-124, 2015. Recuperado el 15 de marzo de 2020 de: http://www.scielo.org.ar/scielo.php?script=sci_arttext&pid=S2313-92772015000200009&lng=es&tlng=es.

TARCUS, Horacio. "**Camaña, Raquel**", en Diccionario biográfico de las izquierdas latinoamericanas. 2021. Recuperado el 15 de marzo de 2020 de: https://diccionario.cedinci.org/camana-raquel/.

ANTON SEMIONOVICH MAKARENKO
(1888-1939)

ANTON SEMIONOVICH MAKARENKO: RESSIGNIFICAÇÃO DO SUJEITO MEDIANTE PRÁTICAS EDUCATIVAS COLETIVAS

Marta de Borba Paulo
Tatiane de Oliveira
Ana Paula Seger

Elementos Bibliográficos

Anton Semiónovitch Makarenko nasceu em 1º de março de 1888, na cidade de Bielopólie, na Ucrânia. Filho de Semion Grigorievich, operário ferroviário, e de Tatiana Mikhailovna, dona de casa. Makarenko foi uma criança frágil devido ao rigoroso inverno ucraniano e, por isso, sua rotina infantil era ouvir as histórias contadas por sua mãe, condição que o incentivou a aprender a ler e escrever antes mesmo de chegar à escola. Aprendeu a ler e escrever com a mãe. Como a maioria das crianças da época, em 1895 foi matriculado numa escola primária na qual teve acesso às disciplinas de Língua Russa, Aritmética, Geografia, História, Ciências Naturais, Física, Desenho, Canto, Ginástica e Catecismo. Nela não pôde estudar sua língua materna, a ucraniana, proibida pelo império czarista na Rússia, tampouco Lógica e Filosofia, exclusivas da elites.

Em 1905 iniciou, aos 17 anos, suas atividades docentes, ao obter seu diploma como educador. Sua primeira experiência foi em uma escola ferroviária de Kriúkov. Nela permaneceu por cinco anos e foi transferido para Dolinskaia, após sugerir mudanças na estrutura pedagógica de Kriúkov, cujos objetivos se limitavam a conhecimentos utilitários e visando à produção de mão de obra escravizada. Em Dolinskaia, trabalhou durante o período de 1910 a 1914 como inspetor de instrução pública.

Em 1914, iniciou o curso superior no Instituto Pedagógico de Poltava, estabelecimento que formava professores para o ensino secundário, concluindo-o em 1917, com homenagens por se destacar nos estudos. Na sua formação, foi influenciado pelo escritor Máximo Gorki, o qual retratou com fidelidade a realidade do jovem proletariado e dos rebeldes camponeses expulsos de suas terras. A formação pedagógica de Makarenko se deu em um momento de muita tensão política, miséria, escassez de alimentos, falta de combustível, invasões estrangeiras e guerra civil. No início do século XX a Rússia era uma das nações mais atrasadas do mundo, com grande parte da sociedade analfabeta. A formação revolucionária do pedagogo foi influenciada por todo seu contexto de vida, pelas dificuldades financeiras de sua família e sua vivência precoce com as diferenças sociais. Além disso, suas opções de leitura também foram fundamentais para a construção de seu caráter revolucionário. Makarenko foi influenciado por autores como Lênin e Máximo Gorki, grandes pensadores da época.

Sua obra de maior expressão foi *Poema Pedagógico*; o primeiro dos três volumes foi escrito em 1933, mas só foi traduzido para o português em 1985, trabalho empreendido pela escritora Tatiana Belinky. Trata-se do testemunho de seu mentor, que, por meio de diálogos, vivências e episódios, revela o paradigma educacional moderno, nascido dos embates entre os mundos capitalista e socialista.

Anton Makarenko casou-se em 1927 com Galina Stakhievna Salkó, importante dirigente do Comissariado do Povo para a Instrução Pública da Ucrânia. O romance teve início durante a visita dela à Colônia Gorki.

Makarenko deixou a colônia após ter sido processado sob a acusação de usar práticas pedagógicas erradas para a construção do cidadão soviético. Foi convidado, em 1929, pelos tchequistas a dirigir a Comuna Dzerjinski, em Kharkov, com proposta de autogestão.

Depois de cinco anos de trabalho, Makarenko deixou a comuna, mudou-se para Kiev com a esposa e o filho adotivo e dedicou-se a seus livros, concluindo *Poema Pedagógico*, que havia iniciado, ainda na comuna, em 1933. Em 1937, a colônia foi fechada, sendo os alunos enviados para estudar ou para atuar no Departamento Nacional. O educador soviético manteve contato com os gorkianos e comuneiros, muitos dos quais se tornaram aviadores, diretores de internato e, sobretudo, cidadãos de verdade, em virtude da educação que lhes foi dispensada.

Em 1º de abril de 1939, Makarenko viajou de trem para compartilhar suas ideias, mas faleceu em Moscou, vítima de ataque cardíaco. De acordo com Bretas e Novaes (2016, p. 408) "Era o fim de sua jornada, mas não de sua herança pedagógica, que, por meio de sua viva narrativa, ficará para sempre na memória dos educadores contemporâneos".

O que dizem do autor e quem diz

No Brasil, Tatiana Belinki é uma das estudiosas de Makarenko com maior expressividade. Escreveu o livro *Anton Makarenko – Vida e Obra* em 2002, o qual foi fruto da sua dissertação de mestrado. Para ela, Makarenko

> [...] merece ser lembrado como um camarada que construiu, junto com as crianças, jovens e adultos, a escola como coletividade, uma escola viva, socialista, em que todos se auto-educavam, se instruíam, construíam ciência e cultura, se divertiam, se amavam, e trabalhavam para resolver os problemas do coletivo e da sociedade soviética (Luedemann, 2021, n.p.).

Roberta Bencini (2008) escreveu, na revista *Nova Escola*, que o método criado por ele era uma novidade, porque organizava a escola como coletividade e levava em conta os sentimentos dos alunos na busca pela felicidade, um conceito que só teria sentido se fosse para todos. O que importava eram os interesses da comunidade e a criança tinha privilégios impensáveis na época, como opinar e discutir suas necessidades no universo escolar.

De acordo com Oliveira, Barroso e Holanda (2021, p. 526), Makarenko

> É um dos ilustres pedagogos revolucionários do nosso século e reconhecido da Pedagogia Russo Soviética. Fez-se famoso acompanhando a Colônia Gorki e seu trabalho como pedagogo-inovador assegurou-se na confiabilidade e no uso de certa rigidez com os educandos. Seu ensaio pedagógico teve um desfecho que não se esperava, repercutindo mundialmente, apresentou a probabilidade de reeducação, acreditou no advento do renascimento do homem e na pedagogia inovadora.

Ao falar sobre Makarenko, Feigel (2015) afirma que o pedagogo não se preocupava apenas com o desenvolvimento da personalidade individual de cada educando, mas em desenvolver essas singularidades em uma proposta de educação coletiva.

Cabe ressaltar que Makarenko teve importante contribuição no sistema socioeducativo brasileiro. De acordo com Santos (2020), Antônio Carlos Gomes da Costa, que foi um dos redatores do ECA, se inspirou no conceito de socioeducação do livro *Poema Pedagógico* "transformando as 'Medidas' prescritas aos 'menores infratores' em

'Medidas Socioeducativas' impostas a adolescentes em conflito com a lei" (Santos, 2020, p. 187). Essa proposta visava uma ruptura com a criminalidade da pobreza e dava às medidas socioeducativas um caráter pedagógico, considerando o adolescente em fase peculiar de desenvolvimento. Para Santos (2020) essa dimensão pedagógica pode ser considerada uma herança da perspectiva crítica de Makarenko que teve suas bases na educação social.

Bretas e Novaes (2016) destacam o conceito de coletividade a partir de Makarenko, com trechos do livro *Poema Pedagógico*. A educação para a coletividade é um dos lastros deixado por Makarenko que mais reverberam nas escritas atuais sobre ele e seu método de ensino.

No entendimento de Xavier e Steffens (2019, p. 12), "Makarenko foi um intelectual pragmático em detrimento da ideia do intelectual como sendo a personificação do saber desinteressado, atemporal e distante da realidade mundana". Makarenko faz importantes críticas às teorias pedagógicas, as quais ficam apenas no mundo das ideias e não podem ser utilizadas para construção do novo homem da sociedade russa.

Principais obras

De acordo com Leudmann, entre as principais obras do autor podemos citar:

- *A marcha dos anos 30* (publicada em 1932). Reportagem sobre a vida na Comuna Dzerjinski, escrita em 1930;
- *A experiência metodológica na colônia infantil de trabalho* (escrito em 1931 e 1932);
- *FD–1*, novela em que ele descreve mais uma etapa na Comuna Dzerjinski, escrita em 1932;
- *Poema Pedagógico*, em três volumes. Sobre a experiência na Colônia Gorki, escritos entre 1933 e 1935 e publicados entre 1934 e 1936, no Almanaque Ano 17, por Gorki;
- *Tom Maior* – peça de teatro escrita em 1933 e enviada a um concurso nacional de peças teatrais. Publicada em 1935.
- *Metodologia para organização do processo educativo* – conferências escritas em 1935 e publicada em 1936;

- *Conferência sobre Educação Infantil* – orientação aos pais sobre a educação dos filhos, escrito em 1937;
- *Livro dos Pais* – orientação da educação familiar para a constituição da coletividade familiar. Volume I, publicado em 1937, volume II, escrito em 1939, sobre a educação moral e política; planejamento dos volumes III, sobre a educação por meio dos trabalhos e a orientação profissional, e IV, sobre a necessidade de educar o ser humano para ser feliz;
- *A felicidade* – artigo literário polêmico, em estilo de crônica, publicado em 1937;
- *A Honra* – romance escrito em 1934 e publicado em partes em 1937 e 1938;
- *Os anéis de Newton*, iniciado em 1938, discute os defeitos e dignidade da pessoa humana;
- *Problema de educação escolar soviética* – conferências para educadores, publicadas em 1938;
- *Bandeiras nas torres* – romance sobre a experiência na Comuna Dzerjinski (1928–1935), em dois volumes (publicado em 1939);
- *Aprendendo a viver* – novela que dá sequência ao *Poema Pedagógico*;
- *Um caráter verdadeiro* – roteiro cinematográfico finalizado em 1939;
- *Em comissão de serviço* – roteiro cinematográfico finalizado em 1939;
- *As minhas concepções pedagógicas* – conferências publicada em 1939;
- *Cartas e artigos* – publicados após a morte de Makarenko. Destaque ao conjunto de cartas entre Makarenko e Gorki, publicadas em 1950.

Justificativa da escolha da obra para o estudo

A obra escolhida para esse trabalho de fontes foi *Poema Pedagógico*, redigido entre 1925 e 1935, por entendermos que foi a principal obra educacional de Makarenko, possuidora de inegável valor e estilo literário, uma vez que abre mão da escrita de gênero textual científico para mostrar que a educação comunista se confunde com a própria vida.

Construído numa linguagem fluente e direta, de grande riqueza de registro, reproduzida com toda força e criatividade na tradução de Tatiana Belinky do russo para o português, um dos elementos que facilitou a leitura e a compreensão da obra.

Principais inspiradores do autor fonte

Makarenko entrou em contato com as ideias revolucionárias de Lênin e Maksim Gorki, que influenciaram sua visão de mundo e de educação. Em 1928, conheceu pessoalmente Gorki, seu guia e mestre, com o qual criou uma profunda amizade. Eles foram fundamentais ao influenciar seu modo de se relacionar com a educação. A partir disso, Makarenko mudou o currículo escolar, implantando nele a língua ucraniana e a ampliação do espaço cultural na escola.

Lênin era um marxista e Gorki um humanista. Ambos foram socialistas, cada qual à sua maneira. Em Gorki, o socialismo não ultrapassaria a fase primitiva: amor aos homens, confiança no homem — aquele cristianismo russo que talvez mereça o nome de eslavismo. Gorki não aceitava o problema da consciência tal como Lênin o expunha. Para Lênin, a consciência era um produto do ser social, ao passo que Gorki acreditava que o ser social era produto da consciência. Lênin era um erudito, homem disciplinado intelectualmente, amante da lógica e da razão. Gorki era autodidata, contraditório e sentimental. Makarenko bebeu de ambas as fontes.

Principais conceitos que sua obra aborda

Os *insights* e conquistas de Makarenko se baseavam na utilização de enorme potencial educacional do **coletivo,** e se apoiavam na combinação contínua e coerentemente mantida da instrução escolar do trabalho produtivo e na integração do crédito de confiança com a **exigência rigorosa** para com a pessoa do educando.

Foi com material tirado da própria vida que Makarenko desvendou o problema da **educação socialista**, do nascimento do" **homem novo**", no coletivo e no **trabalho**. A atividade do pedagogo surgiu nesse livro como a luta pelo **ser humano**.

Inspirado no **humanismo social** de Gorki, Makarenko via em cada um dos seus problemáticos educandos, antes de tudo, possibilidades. E um dos pontos básicos de sua **filosofia de reeducação.**

Mais que educar, com rigidez e **disciplina**, ele quis formar personalidades, criar pessoas conscientes de seu papel político, cultas, sadias e que se tornassem trabalhadores preocupados com o bem-estar do grupo, ou seja, solidários. Na **sociedade socialista** de então, o trabalho era considerado essencial para a formação do homem, não apenas um valor econômico.

Para que a vida em comunidade desse certo, era essencial que cada aluno tivesse claras suas responsabilidades: "Nunca mais ladrões nem mendigos: somos os dirigentes."

A ideia do **coletivo** surge como respeito a cada aluno, oposta à visão de massificação que despersonaliza a criança. O grupo estimula o desenvolvimento individual. Como a instituição familiar (e tudo o mais na então União Soviética) estava em crise, essa foi a alternativa encontrada pelo educador para proteger a infância de seu país. De acordo com Rêses e Pinel (2020), Makarenko lutou por uma educação como projeto social destinada às camadas socialmente pauperizadas.

A relação do autor com a Pedagogia Social/Educação Social

Ao longo de sua obra Makarenko faz uso dos conceitos de Educação Social e Educação Socialista como possibilidade para formar novos homens, capazes de mudar a realidade social da União Soviética. Em um dos trechos ele diz:

> Então, o que você quer de mim? Acha que eu não entendo nada, ou o quê? Então faça as suas trapalhadas, meta os pés pelas mãos, mas o trabalho tem de ser feito. Faça e depois veremos. O principal é que sabe, não se trata de uma colônia de delinquentes juvenis qualquer, mas você entende é a educação social. Precisamos de um homem novo assim, um que seja nosso! E você trate de construí-lo (Makarenko, 2012, p. 13).

Para Maia (2015), em sua práxis pedagógica Makarenko esteve preocupado com a formação do homem; com a disciplina e com a coletividade, numa compreensão socialista dos educandos e dos educadores. Não bastava apenas os educandos estarem alinhados à proposta de educação socialista, os educadores também precisavam aspirar a formação de um novo homem e para isso precisavam viver nas mesmas condições dos jovens. Nessa busca o pedagogo afirma que:

> Chegaram à colônia duas educadoras: Ictarina Gregórievna e Lídia Pietróvna. Eu já estava quase me entregando ao desespero na procura de colaboradores pedagógicos, ninguém estava disposto a se dedicar à tarefa de educar o novo homem. Na nossa floresta, todos tinham medo dos vagabundos e ninguém acreditava que nosso empreendimento chegaria a um final feliz (Makarenko, 2012, p. 18).

Poucos profissionais acreditavam que seria possível tornar os jovens marginalizados em "cidadãos". Olhavam sem entusiasmo para os socioeducandos que "estavam muito largados, selvagens e totalmente inadequados para a realização do sonho da educação social" (Makarenko, 2012, p. 27). Nesse sentido, o pedagogo sabia que as teorias pedagógicas não dariam conta de fornecer elementos para pensar a prática com esses jovens. Em um dos trechos ele diz:

> [...] eu pensava com repulsa e raiva sobre a ciência pedagógica: Há quantos milênios ela existe! Que nomes que ideias brilhantes: Pestalozzi, Rousseau, Natorp, Blonski.! Quantos livros, quantos papéis, quanta glória! E ao mesmo tempo, um vácuo, não existe nada, é impossível haver-se com um só desordeiro, não há um método, nem instrumental, nem lógica, simplesmente não existe nada! Tudo uma "enorme charlatanice" (Makarenko, 2012, p. 111).

Ao não encontrar nas teorias pedagógicas elementos para trabalhar com os jovens colonistas, Makarenko foi perspicaz e desenvolveu sua própria metodologia, baseada na coletividade, na democracia e na formação humana.

Aspectos interativos da vida e obra do autor com as fontes

Nas buscas por grupos de pesquisa, ou coletivos que estudem as obras de Makarenko foi encontrado o Coletivo Makarenko – Grupo de Estudos, Pesquisa e Extensão sobre Trabalho, Estado, Democracia e Educação, vinculado ao Programa de Pós-Graduação Interdisciplinar em Sociedade, Cultura e Fronteiras da Universidade Estadual do Oeste do Paraná. É liderado pela professora Dr.ª Silvana Aparecida de Souza. No sítio da instituição é possível encontrar mais informações acerca do grupo.

Referências

BENCINI, Roberta. **Anton Makarenko, o professor do coletivo.** 2008. Disponível em: https://novaescola.org.br/conteudo/1557/anton-makarenko-o-professor-do-coletivo. Acesso em: 18 jan. 2022.

BRETAS, Silvana Aparecida; NOVAES, Karla Gusmão. O conceito de coletividade de Anton Makarenko, em seu Poema pedagógico. **Revista Brasileira de Estudos Pedagógicos**, Brasília, v. 97, n. 246, p. 402-423, 2016. Disponível em: https://www.scielo.br/j/rbeped/a/BnDcyTR9GbsqTZ5wyW7qt6F/?format=pdf&lang=pt. Acesso em: 18 jan. 2022.

FEIGEL, Gabriel Lopes Rosa. O Poema Pedagógico de Anton Makarenko. **Revista de Ciências Humanas**, v. 49, n. 1, p. 110-110, 2015. Disponível em: https://periodicos.ufsc.br/index.php/revistacfh/article/view/2178-4582.2015v49n1p110. Acesso em: 18 jan. 2022.

LUEDEMANN, Cecília. **Anton Makarenko**: um educador do povo. Um educador do povo.2021. Disponível em: https://mst.org.br/2021/03/01/anton-makarenko-um-educador-do-povo/. Acesso em: 18 jan. 2022.

LUEDEMANN, Cecília da Silveira: **Anton Makarenko – Vida e Obra.** A pedagogia na revolução. São Paulo: Expressão Popular, 2002.

MAIA, Lucíola Andrade. A pedagogia socialista de Makarenko: notas pedagógicas. **Revista Dialectus**, [s. l.], n. 7, p. 68-81, 2015. Disponível em: http://www.revistadialectus.ufc.br/index.php/ForaDoAr/article/view/230/153. Acesso em: 18 jan. 2022.

MAKARENKO, Anton. **Poema Pedagógico**. São Paulo: Editora 34, 2012.

OLIVEIRA, Maria Elizete Pereira Alencar; BARROSO, Maria Cleide da Silva; HOLANDA, Francisca Helena de Oliveira. Makarenko e a contribuição da obra Poema Pedagógico para a educação. **Germinal**: Marxismo e Educação em Debate, 2021, v. 13, n. 1, p. 523-535, 2021. Disponível em: https://periodicos.ufba.br/index.php/revistagerminal/article/view/37049. Acesso em: 18 jan. 2022.

RÊSES, Erlando da Silva; PINEL, Walace Rosa. O pensamento pedagógico socialista de Anton Makarenko na União Soviética. *In*: RÊSES, Erlando da Silva (org.). **Pedagogia Socialista, Trabalho e Educação**. Brasília: Editora Universidade de Brasília, 2020, p. 109-119. Disponível em: https://livros.unb.br/index.php/portal/catalog/book/97. Acesso em: 7 jan. 2022.

SANTOS, Anne Caroline Almeida. "Socioeducação": do ideal da educação social ao purgatório das vidas matáveis. **O Social em Questão**, v. 23, n. 46, p. 187-202, 2020. Disponível em: https://www.redalyc.org/jats-Repo/5522/552264323008/552264323008.pdf. Acesso em: 18 jan. 2022.

XAVIER, Cristiane Fernanda; STEFFENS, Marcelo Hornos. Poema pedagógico: sociabilidades e retórica na edificação da pedagogia de Anton Makarenko. **História da Educação,** Porto Alegre, v. 23, 2019. Disponível em: https://www.scielo.br/j/heduc/a/jpk9fDgwZcSrkZ8mq9GCKJM/?lang=pt. Acesso em: 18 jan. 2022.

LORENZO LUZURIAGA MEDINA
(1889-1959)

LORENZO LUZURIAGA: AS RELAÇÕES DA EDUCAÇÃO SOCIAL, POLÍTICA E SOCIEDADE

Marilene Alves Lemes
Orlando de Oliveira Pinheiro
Alex Seixas Eifler

Elementos biográficos

Lorenzo Luzuriaga Medina, pedagogo espanhol e militante republicano, nasceu em 29 de outubro de 1889, na cidade de Valdepeñas, na província de Ciudad Real, Espanha, e faleceu no ano de 1959, em Buenos Aires, Argentina. Conviveu com uma família de professores: seu pai e seus dois irmãos (Fermin e Recaredo). Após a morte do pai (1904), aos 15 anos de idade, se mudou, com sua mãe, para junto do irmão Recaredo, o qual sustentou seus estudos de magistério na Escola Normal Central de Madrid. Aos 19 anos conheceu Manuel Bartolomé Cossío, que lhe apresentou Francisco Giner de los Ríos, fundador do Institución Libre de Enseñanza, onde Luzuriaga foi aluno e professor. No ano seguinte ingressou como bolsista na escola superior de magistério e durante esse período estudou na Alemanha por dez meses (com bolsa) e teve seu primeiro encontro com José Ortega y Gasset.

Aos 23 anos foi nomeado Inspetor de Primera Enseñanza da zona de Xinzo de Limia (Ourense/Espanha), e se casou com María Luisa Navarro, colega de escola. Durante os anos de 1913 e 1914 estudou em Jena e Berlin (Alemanha). No final, regressou para a Espanha e foi funcionário, professor e publicista. De 1915 a 1921, colaborou com a imprensa no semanário *España* e no diário *El Sol*. Também escreveu, em 1918, as bases para um programa de instrução pública, que apresentou no Congresso do Partido Socialista Operário Espanhol (PSOE). De 1922 a 1936 lutou pela sua liberdade individual e a independência de suas obras, dirigindo, junto com María Luisa Navarro, a *Revista de Pedagogía*. Nesse período, foi nomeado membro do Conselho Nacional de Cultura, professor de organização escolar na Sección de Pedagogía de la Universidad Complutense de Madrid e Secretário Técnico no Ministério de Instrução Pública e Belas Artes.

No período de 1936 a 1939, com sua família, exilou-se pela Grã Bretanha, Londres e Glasgow (Escócia), exceto seu filho Jorge, que ficou na Espanha, lutando em um exército republicano. Precisamente em abril de 1939 chegou à província de Tucumán, na Argentina. Estreitou relações com o editor Gonzalo Losada, com um compromisso inicial de editar as publicações da *Revista de Pedagogía*, que se tornou realidade no final desse mesmo ano. Em 1947, faleceu María Luisa Navarro, sua esposa, em Buenos Aires. Luzuriaga viveu na Argentina até a sua morte, mas esteve na Venezuela em 1954, 1955 e 1956 e viajou para Europa durante 1949, 1951, 1952, 1953 e 1957, inclusive para Espanha. Desempenhou cátedras nas universidades de Tucumán e Buenos Aires, dirigiu coleções e editoras em Losada, viajou para o Chile, escreveu no diário *La Nación*, reeditou sua *Revista de Pedagogía*, publicou 13 livros e numerosas traduções, entre elas *Democracia y Educación*, de John Dewey, recuperou o filho Jorge, prisioneiro na Espanha, e dirigiu uma empresa cultural, *La revista Realidad*, com a ajuda de seu filho Jorge. Sua filha Isabel se tornou uma conhecida profissional.

Em 1960, em sua homenagem, realizou-se a publicação póstuma do *Diccionario de Pedagogía* e Jorge Luzuriaga Navarro, seu filho mais velho, faleceu no final da década de 1990, também em Buenos Aires.

O que dizem de Luzuriaga e quem diz?

Para Herminio Barreiro Rodríguez (1999) o pedagogo Lorenzo Luzuriaga Medina tem uma biografia truncada, um desses espanhóis *do êxodo e do pranto* que deixaram o país no outono de 1936 no meio da guerra civil. A data representou a linha de demarcação que trespassou irreversivelmente a vida do nosso autor em estudo e do seu povo. Luzuriaga é, então, para a história do seu país, parte de uma longa lista de exilados que saíram da Espanha, entre a incerteza e a desolação[40].

Para Antonio Chazarra Blanco (2010) Luzuriaga foi *um mestre entre os mestres,* proveniente de uma família humilde, profundamente vinculada à educação, pois era filho, sobrinho e irmão de mestres. Blanco exaltou a memória de Luzuriaga com o poema "Nosotros/1947", de José Hierro:

> Ele que sofria/Ele que gritava ou chorava por este chão/Ele que dormiu sobre a grama/Nas noites úmidas de outono/Ao nosso lado, alma a alma/Ombro a ombro/Aquele, cego pela terra/Que lançava a nós olhos/Ele era um homem de carne e osso/Como nós" (Hierro, 2010 *apud* Blanco, 2010, p. 1).

---

[40] Contemporâneos de Luzuriaga também foram exilados: Severo Ochoa (biólogo), Arturo Duperier Vallesa (físico), Enrique Moles Ormella (químico), Enrique González Jiménez (matemático), Pedro Carrasco Garrorena (astrônomo), Odón de Buen (oceanógrafo, e tantos outros escritores, cineastas, historiadores, filólogos, pedagogos, entre muitos intelectuais. Alguns deles, como foi o caso se Luzuriaga, não puderam regressar ou voltaram já no final da vida, com a restauração da democracia (Exílio..., 2022).

Claudio Lozano Seijas (1999) refere que Luzuriaga como sendo *o maior pedagogo espanhol contemporâneo* e seu exílio foi, de certa forma, o exílio da pedagogia moderna na Espanha e a maneira de se opor à destruição da razão republicana que sobrevive na educação do país graças à contribuição de pessoas como Luzuriaga, tornando compreensível o debate modernidade, mudança, transição, pós-modernidade, apesar do terrível flagelo do regime franquista. Losano Seijas diz que reler Luzuriaga em 1999, na Espanha e na América, significou recuperar sua lucidez, seu otimismo crítico no futuro de uma educação melhor, especialmente após as ditaduras de Portugal, Espanha, Argentina, Uruguai, Brasil, Chile, Paraguai, além de tantas outras tragédias humanas.

Mariano Pérez Galán (2003) destaca importantes contribuições do autor para a *escola pública*: é, essencialmente, função do estado, o que não exclui o ensino privado que tem sua razão de ser como meio de investigação e de experimentação pedagógica; é laica ou extraconfessional. Se as famílias o solicitam, o Estado poderá facilitar meios para educação religiosa fora da escola; é gratuita e tem caráter ativo e criador; tem caráter social, atendendo as necessidades da criança, do jovem. Organizar-se-ão colônias escolares, bibliotecas, campos de jogos, leituras públicas, oficinas, cooperativas, instalações de cinema e rádio etc. Os centros devem ser comunidades sociais, donde se busque a autonomia dos alunos, a colaboração dos pais e relações de cooperação com entidades culturais e profissionais da localidade; atende, por igual, aos alunos de um e outro sexo (coeducação).

O livro *La escuela nueva pública*, de Luzuriaga, permite recuperar ideias que foram silenciadas por décadas pelo pensamento educacional espanhol, o que sem dúvida resultará em um melhor conhecimento do passado e de um futuro mais aberto e inclusivo. Ainda para Galán (2003) os elementos que caracterizam a "escuela nueva pública" são: trabalhos manuais; jogos, esportes e ginástica; excursões, acampamentos e colônias escolares; ensino fundamentado na observação e experimentação; conjugação de trabalho individual e coletivo com alunos; constituição de uma comunidade escolar; incentivo de assembleias e autonomia dos alunos; desenvolvimento do espírito de solidariedade; redução da utilização de prêmios e castigos; cultivo do sentimento artístico dos alunos (beleza, sentido musical etc.); apelo à consciência moral dos alunos; educação para a cidadania.

Esse breve "falar acerca de Luzuriaga" testemunha a história de um homem que foi companheiro, além da relevância das suas contribuições pedagógicas para a Espanha e também para o mundo.

Principais obras

Em ordem cronológica suas principais obras são: *Direcciones actuales de la Pedagogía en Alemania* (1913); *La enseñanza primaria en España* (1915); *El analfabetismo en España* (1919); *La escuela unificada* (1922); *Las escuelas nuevas* (1923); *Escuelas activas* (1925); *La educación nueva* (1927); *La escuela única* (1931); *La Nueva Escuela Pública* (1931); *Reforma de la educación* (1945); *Historia de la educación pública* (1946); *Pedagogía* (1950); *Historia de la educación y de la pedagogia* (1951); *Pedagogía social y política* (1954); *Antología pedagógica* (1956); *La Institución Libre de Enseñanza y la educación en España* (1957); e *Obra póstuma. Diccionario de pedagogia* (1960).

Principais inspiradores

Friedrich Wilhelm August Fröbel (pedagogo e pedagogista alemão); Georg Kerschensteiner (pedagogista alemão); Jan Amos Komenský, em latim, Iohannes Amos Comenius, em português, Comênio (filósofo, bispo protestante, educador, pedagogo, cientista e escritor checo); Jean-Jacques Rousseau (filósofo, teórico político, escritor e compositor autodidata suíço); Jean-Ovide Decroly (médico, psicólogo, professor e pedagogista belga); Johann Friedrich Herbart (filósofo, psicólogo e pedagogista alemão); Johann Heinrich Pestalozzi (pedagogista, educador suíço) e John Dewey (pedagogo e pedagogista estadunidense).

Justificativa da escolha da obra Pedagogía Social y Política

A obra escolhida para este trabalho de fontes foi *Pedagogía social y política,* de 1954, pois carrega no título a expressão "pedagogia social", razão principal deste estudo. No ano de sua morte, precisamente em outubro de 1959, Luzuriaga escreveu uma nota para a versão brasileira, traduzida para o português: "em essência a educação se dirige sempre à formação do homem em qualquer que seja a sua condição social" (Luzuriaga, 1960, p. 6).

Assim, a educação tem sempre uma função eminentemente social, ou seja, não existe nenhuma pedagogia que desconsidere o aspecto social da educação. Entretanto, a concepção social da educação reveste diversas formas e modalidades; desde a que considera a educação subordinada totalmente à sociedade e ao Estado sem levar em conta os direitos da pessoa até a que reconhece a educação como eixo da vida social. A primeira concepção é própria dos Estados totalitários, a segunda dos Estados democráticos.

Para Luzuriaga (1960), a sociedade não é homogênea, e sim constituída por núcleos e grupos diversos, como: a família, a comunidade local, as classes sociais, a igreja, o Estado, os quais aspiram impor suas normas e ideias de educação. Logo, surgem os conflitos e dificuldades que a pedagogia política deve tratar de superar. Luzuriaga recorda também que a educação tem suas próprias leis e ideias, almejando ser autônoma, acima das circunstâncias sociais. Contudo, o essencial da educação, reforça, é se dedicar à formação do homem e suprimir as diferenças sociais, visando constituir uma sociedade cultural e humana. Portanto, a educação social e política integram a pedagogia geral.

Principais conceitos abordados por Luzuriaga em Pedagogía Social y Política

Durante a leitura da obra consolidou-se, para os autores, o argumento de que Luzuriaga não cria novos conceitos, mas tece relações entre conceitos já existentes, uma espécie de *trama*[41], a qual

> [...] representa uma potência para explorar conceitos que se unem, uns aos outros, a partir de um conceito central. Os conceitos implicam-se mutuamente em diversas direções e o que torna isso possível é o caráter relacional do pensamento de um determinado autor (Lemes, 2017, p. 103).

Nesse caso, o pensamento de Luzuriaga nos desafia a olhar as palavras na moldura da sua trama.

A educação, a pedagogia social e a sociedade são conceitos centrais que estruturam o que estamos nomeando de trama, relacionados com outros conceitos, como: homem, cultura, classes sociais, gerações (com

---
[41] "Trama" é uma palavra portuguesa que pode ter vários significados, dependendo do contexto. Mas que sempre envolve a ideia de algo entrelaçado ou interligado. Outro uso do termo trama está ligado ao processo de tecelagem. A trama é o conjunto dos fios entrelaçados com os fios da urdidura para formar um tecido ou uma rede. A trama pode ser feita com diferentes tipos de materiais e cores e determina as características do tecido final. Também pode se referir ao enredo ou enredo de uma obra literária.

destaque para o ciclo de vida juventude), massa, família, escola, democracia, justiça social, educação de adultos, educação do campo, educação urbana, comunidade, entre outros. Esses conceitos estão dentro do que podemos chamar de visão de SER HUMANO, MUNDO E SOCIEDADE, e ficam aqui apenas anunciados, considerando que o foco principal é biografar o autor e compreendê-lo na perspectiva da educação/pedagogia social.

Lorenço Luzuriaga e a pedagogia social

Luzuriaga faz uma breve introdução de cada "pedagogista" da época e de suas concepções, recorrendo à pedagogia clássica para explicitar as compreensões de pedagogia. Diz que Platão e Aristóteles não estabeleceram diferença fundamental entre Estado e Sociedade e nem entre Pedagogia Social e Política. Na Idade Média, a sua crítica aponta que não se produziu uma teoria social autônoma da educação que estava centrada na teologia, subordinando à igreja toda a atividade educativa, sendo, portanto, uma educação de classes.

O Renascimento e a Reforma também não produziram novas teorias sociais da educação, sua pedagogia teve caráter eminentemente individualista, porém os conspiradores da reforma Lutero e Calvino difundiram as ideias de um novo tipo de educação, a educação pública religiosa, mas as classes sociais continuaram a receber uma educação diferente. Nesse contexto, destaca Comenius como sendo, o primeiro estudioso a formular "uma concepção pedagógico social, de caráter místico-humanitário", devendo se estender a todo o homem, independentemente da sua situação social ou posição econômica, ou seja, educação para todos: nobres e plebeus, ricos e pobres, meninos e meninas.

Para Luzuriaga, Pestalozzi foi o verdadeiro fundador da educação social autônoma e da escola popular, pois para ele, a educação se baseia na vida do povo, suas tradições e trabalho e tem ao mesmo tempo sentido econômico e intelectual. Foi o primeiro a conceber a educação social como função essencialmente social e humana e que se complementam, ao contrário de Rousseau que vê essas funções de forma antagônica. Pestalozzi tem na vida doméstica, na família o ponto de referência para todas as suas ideias e educação, mas uma família enobrecida, espiritualizada.

Como teoria ou disciplina científica, Luzuriaga afirma que: a pedagogia social é moderna e aparece no fim do século XIX com a obra Pedagogia Social (1898) de Paul Natorp de caráter estritamente filosófico. Luzuriaga o descreve como representante da pedagogia social idealista, a qual não se subordina a educação[42] como meio para atingir seus fins econômicos, jurídicos e políticos. Antes, as considera meio para atingir o fim último da educação.

Na sequência Luzuriaga apresenta a posição naturalista, representada por Paul Bergemann, que publicou, em 1900, *Pedagogia Social sobre base científico-social*, obra embasada na Antropologia e na Biologia; a posição historicista, representada por Otto Willman e Paul Barth, que destacam a importância da pedagogia de se ocupar das ações e fenômenos coletivos, superando a restrição a ações individuais, ampliando a investigação da educação à totalidade dos processos sociais; a posição nacionalista de Ernest Krieck, o qual concebe a educação como função originária, espiritual, da vida humana, realizada em todo tempo e lugar e; a posição sociológica, representada por David Émile Durkheim, Karl Mannheim, William Robertson Smith e Charles Clinton Peters, que enfatizam, em diversas obras, as relações entre Sociologia e Educação. Dessas direções, a de maior repercussão foi a sociológica, que propicia, inclusive, que, durante algum tempo, "Pedagogia Social" fosse compreendida como Sociologia da Educação.

O autor em estudo localiza a Pedagogia Social como um campo virgem da pedagogia e uma parte da pedagogia geral, reforçando que não é ciência isolada, mas em conexão com todas as demais que se ocupam do homem e da sociedade. Afirma também que sociedade e educação desempenham função recíproca e complementar, ou seja, uma está para a outra e vice-versa; daí a estreita relação entre pedagogia social e pedagogia individual. Dito de outro modo: a sociedade é necessária para educação e a educação para a sociedade, nenhuma das duas pode perder de vista que o sujeito principal da sociedade e da educação é o homem, a personalidade individual.[43]

---

[42] Sobretudo a educação escolar.

[43] O autor Luzuriaga (1889–1959), em sua obra *História da educação e da pedagogia* (*Historia de la educación y de la pedagogia*, 1951) nos coloca que "educação e pedagogia estão como prática para teoria, realidade para ideal, experiência para pensamento, não como entidades independentes, mas fundidas em unidade indivisível, como verso e anverso da moeda". Portanto, processo de educação que ocorra sem pedagogia caracteriza-se como mera rotina, ação sem reflexão. O que você pode perceber é que não podemos falar de pedagogia sem falar de educação. Também não dá para falar de educação sem que se fale de sociedade, pois, como prática social, a educação ocorre de forma abrangente, nos contextos culturais, sociais, econômicos e políticos da sociedade como um todo (Nota do Prof. Dr. Alexandre Magno, apreciador do texto no Seminário de Estudo de Fontes da Pedagogia/Educação Social do Cepopes. Em março de 2023/UFRGS).

Toda sociedade supõe uma pluralidade de indivíduos que se encontram em relação, mas nem toda pluralidade e conexões de pessoas constituem uma sociedade. Para isso é preciso que haja certos usos, costumes, sentimentos, normas ou ideias comuns como os que existem numa família, num sindicato profissional, numa comunidade local. Uma sociedade consiste em uma pluralidade de pessoas que convivem conjuntamente, de modo estável, com certos usos e costumes comuns, integrada por grupos sociais diferentes e sujeita a um desenvolvimento histórico.

A educação é função da sociedade, mediante a qual se procura desenvolver ou facilitar o nível de vida do homem, e de introduzi-lo no mundo social e cultural. A partir dessa perspectiva, a educação teria duas dimensões: a) vertical, significa dizer que a educação se realiza durante toda a vida humana; e b) horizontal, segundo a qual a educação alcança todas as manifestações da vida do homem, desde a orgânica até a espiritual. A educação é uma função essencial e necessária da sociedade, por meio da qual consegue a unificação de seus membros, a assimilação das gerações jovens e a transmissão de seus bens e valores culturais.

A educação é, pois, uma realidade social a serviço da comunidade e recebe, da sociedade em que se desenvolve, os meios culturais e econômicos para a sua atividade. Sem tais meios, cada vez mais complexos e custosos, a educação não poderia realizar-se, ou se realizaria muito deficientemente.

A sociedade é, assim, um dos principais sustentáculos da educação. Assim, a educação se dirige, sempre, a um ser individual, mas que vive num mundo social para o qual precisa ser preparado, logo:

> [...] a educação é social quando trata de adaptar o indivíduo à sociedade, mas é individual quando tende a liberar o homem da pressão da coletividade; a educação é social quando procura comunicar os valores e os bens culturais de uma sociedade; mas é individual quando põe esses valores e bens a serviço da personalidade; a educação é social quando procura desenvolver as virtudes sociais e cívicas; individual, porém, quando quer cultivar a vida íntima, pessoal; finalmente, a educação é social enquanto se realiza como função espontânea, indireta, da sociedade; mas é individual enquanto atribuída a um educador como função intencional. A educação é, pois, a um só tempo, social e individual. A educação está tão longe de aspirar à socialização individual, como à atomização social; à massificação do indivíduo, como à anarquização da sociedade.

> A educação social e a educação individual, portanto, não são mais do que manifestações de uma educação humana geral, vista de ângulos diferentes (Luzuriaga, 1960, p. 29).

O conteúdo da pedagogia social "é dado pelo próprio objeto: a relação da educação com a sociedade" (Luzuriaga, 1960, p. 5). O autor apresenta dois aspectos essenciais que são concebidos de forma complementar em toda ação educativa: o primeiro diz respeito ao aspecto *descritivo e explicativo*, o qual estuda os fatos, atividades e instituições da educação, tal como se apresentam numa determinada realidade social, sem modificá-los. O segundo refere-se ao aspecto *axiológico e normativo* e expõe os valores e ideais da educação, tais como deveriam ser numa mesma realidade social.

Se a educação destina-se a formação do *homem*, que é mais do que um ser social — é uma personalidade com vida própria e intransferível que cumpre cultivar e desenvolver o seu potencial — então a pedagogia social estuda o modo de facilitar o acesso à educação dos membros de todas as classes sociais, seja qual for a sua situação na sociedade.

Em suas reflexões, Luzuriaga escreve que a pedagogia social deve estudar também o papel desempenhado pelas *gerações*, destacando o ciclo de vida da juventude como fase da vida que vai marcar o diferencial das gerações. Assim, cumpre, pois, levar a escolaridade até o adolescente, introduzindo períodos ou ciclos que abranjam, no mínimo, até os 16 anos, pelo sistema de educação unificada ou de ensino obrigatório ou por qualquer outro que se julgue adequado a esse fim. Mas essa educação prolongada deve, ao mesmo tempo, ser outra que não a atual. Não basta, com efeito, o jovem aprender mais elementos culturais, adquirir técnicas profissionais perfeitas, mas também cuidar de sua vida íntegra, total, tanto no aspecto literário e artístico, como no aspecto moral e social. Cumpre, também, apresentar-lhe os problemas sociais, econômicos e políticos do nosso tempo, não só de modo informativo, mas, sobretudo formativo, fazendo que os vivam e experimentem. Deve-se, em suma, interessá-lo pela vida inteira do seu tempo e levá-lo a participar dessa vida.

Em relação com a sociedade, a *cultura* desempenha papel decisivo na educação, pois é o mundo das criações humanas, um produto do espírito. Essa cultura constitui-se pelos mais diversos produtos humanos, desde os mais elementares e utilitários, como ferramentas e utensílios, até os mais abstratos e complicados, como ciências, artes, religiões e Estado. A cultura, uma vez criada, tem existência própria, mas está sujeita à mudança e à evolução da sociedade em que se desenvolve, pois tem caráter histórico.

Assim, a *escola* deve ser o centro cultural da comunidade local e tem a missão de levar boa cultura às massas. Com efeito, a escola é um reflexo da sociedade de cada lugar e de cada época, da mesma forma faz sentido dizer que a sociedade é um reflexo da educação e das escolas do seu tempo. A *família* é nomeada como comunidade doméstica, sendo o eixo principal da vida social, embora em crise. A educação deve manter relação íntima com a família, pois constitui o lugar central da vida da criança.

A pedagogia social deve se ocupar também das *massas*, devido ao seu assombroso crescimento que originou a decadência da sua cultura. Luzuriaga chama a nossa atenção para não confundir as massas com o povo e tampouco com o proletariado. As massas como tais, como multidão, não tem objetivo ou ideal determinado. São de grande emotividade, instabilidade e sugestibilidade, e agem por indivíduos que lhes interpretam os interesses e as emoções em proveito próprio.

Aqui se faz pertinente também compreender a noção de minorias. Para Luzuriaga, a missão das minorias diretivas é de índole bastante diversa. No campo político, dirigiu muito tempo o militar, o guerreiro; depois o aristocrata, o latifundiário; mais tarde o empreendedor, capitalista e hoje, talvez, o líder político-societário e o gerente de grandes empresas relacionadas com o estado. O autor adverte:

> As massas, sem minoria dirigente, levam a destruição individual, à opressão e a barbárie. As minorias dirigentes, sem contatos com as massas, supõem o despotismo, a tirania e, também, a anulação do indivíduo. Deve haver uma coordenação ou integração entre massas e minorias (Luzuriaga, 1960, p. 62).

Nos *regimes democráticos*, a dificuldade é muito grande e a única solução está na crescente educação, na cultura cada vez maior das massas, até que deixem de sê-lo como tais e se transformem em núcleos ou grupo de pessoas conscientes, reflexivas, independentes e cooperadoras.

Luzuriaga inspira-se em Alfred North Whitehead para afirmar que a democracia não pode implicar que todos os homens sejam iguais, nem quanto aos dons naturais, nem quanto as funções que desempenham. A maneira como são aceitos esses líderes, as circunstâncias que exercem a liderança e o tipo de condições que orientam suas atividades como líderes é que determina a natureza da sociedade e as oportunidades dos indivíduos dentro dela. A essência da liderança democrática é que seja exercida de modo a facilitar oportunidades para a iniciativa adequada dos que se encontram na sociedade. Diante de concepções antidemocráticas, não resta outro caminho, para a seleção das minorias dirigentes, senão ampliar as possibilidades de educação ao maior número possível de jovens, e selecionar entre eles os mais capazes de revelar educação superior: isso exige, por um lado, elevação cada vez maior das massas, isto é, da população geral, sem distinções de *classe social*, e, por outro lado, intensificação cada vez maior da educação dos que parecem mais aptos para as funções sociais mais delicadas.

Mas, para que a educação possa ser eficaz, é necessário contar, também, com um sistema de previdência social, de *justiça social*, que abranja toda ou a maior parte da população. É necessário estabelecer uma série de medidas contra a enfermidade, o desemprego, a velhice, que permita às famílias a liberdade e o desafogo necessários para pensar na educação dos seus filhos. É necessário, finalmente, estabelecer um salário mínimo vital que forneça as condições indispensáveis a essa educação. A sociedade e o Estado moderno vêm atendendo em certa medida essa educação, desde os fins do século XVIII, por meio da generalização da escola pública, pela chamada educação "popular". Essa educação tem estado reduzida a ensinar a ler, escrever, contar e rezar, com algumas noções elementares de cultura e algum complemento e ou suplemento de caráter técnico. Nada disso, porém, chegou a alterar os hábitos e o espírito da maioria da população.

Luzuriaga analisa que está se fazendo (em 1954) severa crítica a respeito da "cultura das massas", referindo-se especialmente às manifestações inferiores da cultura, como, a literatura de quiosque, os filmes de qualidade inferior, o rádio comercial etc. tudo baseado no aspecto econômico, de exploração do mau gosto do "pobre". É o predomínio dos empresários que exploram todas as manifestações da arte e da cultura em benefício próprio. A solução para esse problema é muito difícil, explica o autor, pois de um lado, não há meios legais para impedir a difusão dessa cultura inferior e, por outro, se houvesse, poderíamos cair na "cultura dirigida". A "educação das massas", da qual a educação social deve se ocupar pode, também, encontrar solução adequada, por meio da chamada *educação de adultos* (grifo nosso), que é o movimento moderno favorável no sentido de pôr em contato com a cultura as grandes massas da população. A educação de adultos reveste-se essencialmente de duas formas: uma, cujo fim é remediar a carência ou a insuficiência de educação escolar; outra, que busca facilitar o desfrute dos bens superiores da cultura:

intelectuais, artísticos etc. A mais antiga forma de educação de adultos, em grau superior, é a constituída pela chamada "extensão universitária", iniciada na Inglaterra por volta de 1870, quando as clássicas Universidades de Oxford e Cambridge julgaram cumprir um dever social, levando a cultura para fora de seu recinto, sob a forma de cursos e conferências para toda a população.

Dentro da educação de adultos, ocupam lugar de destaque as que podemos chamar sistematicamente "escolas populares de estudos superiores". Todas essas formas e instituições de educação de adultos mencionadas são de caráter instrutivo, intelectual. Fora essas, restam outras de caráter estético, artístico, como as que se referem ao teatro, à música, aos museus, às exposições, ao cinema e ao rádio artístico, que procuram facilitar o gozo, o desfrute dos bens estéticos, sem outra finalidade.

A educação social deve se ocupar também da *comunidade*, a unidade e origem local da vida humana, o pequeno povoado de caráter agrícola e pecuário. Com o aumento de produção e de habitantes formam-se as vilas e as povoações maiores, até chegar às cidades e às metrópoles, com caracteres políticos e sociais próprios. Em geral, poderia aplicar-se à *população rural e à urbana*, a distinção que os sociólogos fazem sobre os tipos de vida em comunidade, isto é, o caráter vital orgânico, da população rural e o tipo de vida em sociedade, de caráter mecânico e intelectual, da população urbana. A criança da cidade, por exemplo, apresenta traços semelhantes aos dos adultos. Tem mais incentivos intelectuais, mas talvez menos equilíbrio mental e físico do que a criança rural. Sua vida em família é menos intensa, e a vida na rua e na vizinhança, maior. Os pais na cidade prestam mais atenção à educação do que os do campo, e seus filhos, em geral são mais bem cuidados no que diz respeito à higiene e ao intelecto. Os meios materiais, os edifícios, os mobiliários escolares costumam ser infinitamente melhores na cidade do que no campo. Em suma, as diferenças entre um e outro meio são talvez maiores na educação do que em qualquer outro aspecto da vida social. O importante, sobretudo, é aproximar as famílias da escola, para que considerem a escola como coisa sua e não como instituição oficial. A escola pode, assim, converter-se no centro cultural e social do bairro ou da vila, e o professor e a professora nos guias espirituais da comunidade. Devemos, apenas, advertir que, em seu aspecto social, o regionalismo é uma realidade que não pode ser esquecida, e, ao contrário, deve ser atendida pela educação.

Embora não seja o objetivo, neste estudo, aprofundar a Pedagogia Política, cabe anunciá-la. Inicialmente, convém distingui-la de Política Pedagógica. A primeira trata-se do estudo das relações da educação com a vida pública em geral, em particular, com o Estado. Assim como a Pedagogia Social é também uma parte da pedagogia geral e tem relações com todas as ciências e atividades que se ocupam do Estado. A segunda, ao contrário, considera a educação em seu aspecto dinâmico, pragmático e depende das circunstâncias da vida pública, da ação dos partidos políticos, dos grupos sociais, das igrejas de um país e de um tempo determinado.

Na pedagogia política Luzuriaga desenvolveu as noções de: Estado propriamente dito; nação; pedagogias (clássica, religiosa, da ilustração, da revolução, individualista, idealista, nacional e cultural); política pedagógica (tradicionalista e conservadora, liberal, democrática, nacionalista, comunista); concepções religiosas (confessional, extraconfessional e leiga); economia; orientação profissional; educação profissional; legislações; tipos de educação pública.

Aspectos interativos da vida e obra de Luzuriaga

Em 1998 foi fundado o Coletivo Lorenzo Luzuriaga[44] por um grupo de pessoas ligado ao mundo da educação, seja pela experiência docente, seja pela gestão ou direção da política educacional, seja por ambas, na Espanha. O referido coletivo está vinculado ao campo dos estudos sociais e pesquisas da Unión General de Trabajadores (UGT) da Escola Julian Besteiro de Madrid.

As principais atividades mantidas pelo Coletivo supracitado são: a) seminários sobre as principais questões da política educacional; b) preparação e edição das publicações das produções dos seus membros; c) estudo dos problemas mais importantes do sistema educacional espanhol para que possa servir de base para a realização de um diagnóstico do estado atual do sistema educacional; e d) elaboração e edição de documentos sobre os temas que mais preocupam a comunidade educativa em todos os momentos.

Da mesma forma, o Coletivo Lorenzo Luzuriaga organiza debates para a preparação de seminários, mesas-redondas sobre temas da atualidade no mundo da educação e participa de outras atividades de outros coletivos e instituições, testemunhando que o legado de Lorenzo Luzuriaga permanece vivo e atualizado.

---

[44] Disponível em: http://colectivolorenzoluzuriaga.com/.

Referências

BLANCO, Antonio Chazarra. **Vida de Lorenzo Luzuriaga**. FETE-UGT Fuhem, 2010. Disponível em: https://sites.google.com/site/ugtfuhem/intervencion-social-y-cultural-fete---ugt-fuhem/concurso-literario-lorenzo-luzuriaga/vida-de-lorenzo-luzuriaga. Acesso em: 11 dez. 2015.

COLLADO, Alfredo Liébana. **Sindicalismo en la enseñanza en la república y la guerra civil**: presencia de FETE en CLM. Añil nº 26, 2003. Disponível em: https://ceclmdigital2.uclm.es/viewer.vm?id=0001803897&page=1&search=&lang=es&view=revistas. Acesso em: 11 dez. 2015.

EXÍLIO republicano espanhol. **Wikipedia**: a enciclopédia livre. [on-line, 2022]. Disponível em: https://pt.wikipedia.org/wiki/Ex%C3%ADlio_republicano_espanhol. Acesso em: 14 abr. 2023.

HIERRO, José. **Tierra sin nosotros**. Madrid: Proel, 1947.

LEMES, Marilene Alves. **Estratégias de participação na política de assistência social na perspectiva de Paulo Freire**. Tese (Doutorado em Educação) – Universidade do Vale do Rio dos Sinos, Programa de Pós-Graduação em Educação, São Leopoldo, 2017.

LOSANO SEIJAS, Claudio Lozano. **Lorenzo Luzuriaga en la Argentina**. 1939–1959. Barcelona: Universidad de Barcelona, 1999. Disponível em: http://www.colectivolorenzoluzuriaga.com/PDF/Luzuriaga%20en%20Buenos%20Aires.pdf. Acesso em: 12 nov. 2015.

LUZURIAGA, Lorenzo. **Pedagogia Social e Política**. Tradução e notas de Lólio Lourenço de Oliveira e J. B. Damasco Penha. São Paulo: Companhia Editora Nacional, 1960 (Atualidades Pedagógicas, v. 77).

MUÑOZ, Teresa María Dabusti de. Trayectoria de Lorenzo Luzuriaga em Losada, uma editorial del exílio. **Revista de historia contemporanea, Sevilla**, n. 9-10, fasc. 2, ano 1999-2000, p. 395-408, 2000. Disponível em: http://institucional.us.es/revistas/contemporanea/9_10_II/art_7.pdf. Acesso em: 12 nov. 2015.

RODRÍGUEZ, Herminio Barreiro. Lorenzo Luzuriaga. Una biografía truncada. 1889–1959. *In:* DÍAZ, Juan Antonio (coord.). **Castellanos sin mancha.** La Rioja: Celeste Ediciones, 1999. Disponível em: http://www.colectivolorenzoluzuriaga.com/PDF/Una%20biografia%20truncad.pdf. Acesso em: 11 dez. 2015.

SÁNCHEZ, Lourdes Gallego. **Tendencias pedagógicas en la realidad educativa actual:** L. Luzuriaga. SlideShare, 2010. Disponível em: http://es.slideshare.net/lourgasa/lorenzo-luzuriaga-6197627?next_slideshow=1. Acesso em: 11 dez. 2015.

THIAGO MATHEUS WÜRTH
(1893-1979)

THIAGO MATHEUS WÜRTH: PIONEIRISMO, FORMAÇÃO E RECONHECIMENTO

Santiago Pavani Dias
Marilene Alves Lemes

Elementos biográficos[45]

Thiago Matheus Würth[46] é Filho de Jacques Würth e Catharina Barberich Würth, nascido no dia 28 de fevereiro de 1893 no Palatinato Renano, Baviera, Alemanha. Viveu com seus pais em Paris durante os seus primeiros 13 anos de vida. Nesse período, frequentou a escola dos Irmãos da Doutrina Cristã, a Escola Comunal dos Battignolles e o Ginásio Chaptal. Prosseguiu seus estudos na Bélgica, na Escola Normal dos Irmãos Maristas em Poemmeroeul, formando-se em Valenciennes no dia 24 de junho de 1909, aos 16 anos.

Sua relação com o Brasil iniciou no mesmo ano, quando fez o seu primeiro estágio crítico de magistério no Rio Grande do Sul, com duração de três anos. Em 1912 voltou para Paris com a finalidade de prosseguir seus estudos. Foi aprovado como mestre em Orléans, mas não chegou a assumir, em virtude de um convite de patrocínio de estudos, feito por um tio materno, na Alemanha. Assim, se matriculou nas academias de Comércio de Gander Manhein e Frankfurt/Mein, onde concluiu seus estudos humanísticos e de pedagogia.

Em 1913, o jovem mestre Thiago Würth recebeu convite do cônsul da França em Manhein, Paul Deschars, e dos seus antigos professores do Chaptal, Freitag e Simonot, para retornar a Paris visando ingresso na Escola Consular. O convite foi reforçado pelo Sacerdote Edmond Loutil, o

---

[45] No ano de 1993 a professora Mariza Pires Andrade, pós-graduada em História e diretora de acervo e pesquisa da Fundação Cultural de Canoas, coordenou, organizou e publicou, junto a outros colaboradores, a obra *Thiago Matheus Würth: referências bibliográficas*. Em 2018, Mireile Steiner de Sousa, diplomada em Ciências Jurídicas e Sociais e mestre em Memórias Sociais e Bens Culturais pesquisou "Thiago Matheus Würth e o Instituto Pestalozzi (1926-1979)". Em 2020, Mireile continua sua pesquisa e publicações como doutoranda. Assim, Andrade (1993) e Souza (2018, 2021) constituem as nossas principais fontes para trazer à tona um pouco da biografia do autor em estudo.

[46] O nome do autor fonte em estudo é referido de duas formas: Thiago e Tiago. Na Obra *Estudos reunidos da Pedagogia social*, organizada em 1975, por ocasião do 48º aniversário do Instituto Pestalozzi, pelo próprio autor, a grafia utilizada é Tiago. Souza (2018, 2021) utiliza as duas formas, ora Thiago Würth, ora Tiago Würth. Nesse texto, optamos em nomeá-lo Thiago Würth, em conformidade com Andrade (1993).

famoso Jornalista católico Pierre L'Ermite, cuja amizade continuou até a sua morte em 1957. No entanto, a guerra de 1914, frustrou o convite, pois Thiago Würth foi impedido de se ausentar da Alemanha e nela ficou retido até 1919. Durante o período da Primeira Grande Guerra prestou serviços pela Cruz Vermelha aos prisioneiros de guerra, operários e civis, para os quais conseguiu liberdade de domicílio com colocação em casas de família, sob sua responsabilidade. Essa iniciativa lhe valeu uma importante homenagem em novembro de 1918, quando 600 ex-prisioneiros belgas desfilaram na frente de sua casa jogando margaridas na sacada do prédio, de onde Thiago assistiu emocionado à demonstração de gratidão.

O casamento com a Sr.ª Johanna Thoma Würth ocorreu no ano de 1917, na Alemanha. Em 1919, ainda consternado com a destruição que observou durante a guerra, decidiu residir no Brasil. Durante os primeiros sete anos, o casal dedicou-se ao ensino particular, dando aulas de línguas em vários municípios do interior do Rio Grande do Sul, como Alegrete, Cruz Alta, Harmonia, Panambi, Passo Fundo, Pinheiro Machado, Santa Maria, São Sebastião do Caí e Selbach, não necessariamente nessa ordem. As investigações biográficas até então revelam que o casal Thiago e Joahnna Würth tiveram duas filhas (Erna Guilhermina Würth e Maria Madalena Würth) e três filhos (Armando Würth, José Alfredo Würth e João Jorge Würth).

Precisamente em 26 de outubro do ano de 1926, o casal iniciou as atividades do Instituto Pestalozzi para "alunos excepcionais", primeiro em Porto Alegre e, no ano seguinte, em regime de internato, na cidade de Canoas, constituindo-se como instituição não governamental, pioneira no Brasil em Educação Especial, ou seja, educação para as pessoas com deficiência. Inicialmente, o instituto funcionou com um único setor — o da escola auxiliar para alunos detidos, retidos ou perturbados na sua progressão educacional. Mais tarde, nasceu o segundo setor do Pestalozzi: um arquivo e um instituto de pesquisas com ampla divulgação de todas as particularidades das excepcionalidades.

Thiago Würth participou de momentos históricos nacionais e citamos como exemplo a Revolução de 1930, quando Thiago ingressou no Estado Maior de Getúlio Vargas, na qualidade de assessor no estudo das situações assistenciais no Rio de Janeiro, fazendo parte daquela memória coletiva de poucos intelectuais que vivenciaram de perto a mudança histórica nacional.

Ao lado do seu trabalho no internato pestalozziano para a infância e juventude deficiente ou em dificuldades, manteve, até 1945, os seus cursos particulares de línguas na capital, pois com a receita destes dava andamento ao trabalho de estruturação de sua obra no Pestalozzi. Em 1946, Thiago Würth tornou realidade o projeto arquitetônico Villa Joana, resultado da concretização de um sonho, a construção da residência da família, homenageando sua esposa fundadora e gestora da obra social. A casa, para os proprietários, era a extensão do Instituto Pestalozzi, um lugar que conectava as lembranças da trajetória do projeto social e familiares.

No dia 1º de outubro de 2014, o então prefeito de Canoas, Jairo Jorge da Silva, assinou o decreto n.º 275[47], que dispõe sobre o tombamento do imóvel "Villa Joana", a residência dos fundadores do Instituto Pestalozzi, Thiago e Johanna Würth, situado ao lado do instituto, um repositório de lembranças de família, memórias do pesquisador e daqueles excluídos da educação regular.

O professor Thiago Matheus Würth faleceu no dia 18 de março de 1979, mas a família Würth figurou como guardiã da memória da obra social educacional pestalozziana de Canoas. Parte significativa da família transformou-se em elo vivo entre as gerações e os seus fundadores. Até onde a pesquisa nos levou, identificamos:

- a filha Erna Guilhermina Würth, professora e diretora do Instituto Pestalozzi;
- o filho Armando Würth, professor e diretor de educação no município de Canoas, forte apoiador da obra dos seus pais;
- a nora Ida Neuberger Würth dedicou anos de sua vida ao trabalho de manutenção e sustentabilidade do Instituto Pestalozzi;
- a neta Rosi Maria Würth (filha de José Alfredo Würth e Ida Neuberger Würth), assistente social e pedagoga especializada em educação especial do quadro do magistério estadual do Rio Grande do Sul;
- a neta Maria Beatriz Würth (filha de Armando Würth e Hilda Nair Boyen Würth), psicóloga clínica e educacional, professora do magistério municipal de canoas, trabalhou por trinta e cinco anos no Instituto Pestalozzi. Também foi professora de classe

---

[47] Cf. Disponível em: https://leismunicipais.com.br/a/rs/c/canoas/decreto/2014/28/275/decreto-n-275-. Acesso em: 14 out. 2022.

especial e coordenadora do centro Clínico Thiago Würth. Criou o Núcleo de Estudos Pesquisas e Eventos Erna Würth e o Núcleo de Preparação Profissional e Programas de Inclusão Profissional do Instituto Pestalozzi;

- o neto Carlos A. Würth Teixeira (filho de Maria Magdalena Würth e Teodoro Teixeira), economista e professor universitário.

Seu legado ainda está vivo, pessoas com deficiência recebem até hoje atendimento especializado na associação, um divisor de águas para a qualidade de vida delas e das suas famílias.

O que dizem de Thiago Würth e quem diz?

Nossa aproximação com os escritos de Thiago Würth (1965) revelou um cidadão colaborativo, sempre disposto a contribuir com os eventos que, de algum modo, lograssem êxito para a sua luta. No sentido ilustrativo referimos aqui algumas de suas muitas participações: no Congresso Panamericano de Serviço Social, Rio de Janeiro (1940); na Comissão criadora do Serviço Social de Menores no Rio Grande do Sul (1944); no cargo de 1º Assistente Técnico pedagógico no Serviço Social de Menores (1945); na Chefia da delegação do SESME na realização do 1º Congresso Nacional de Serviço Social, em São Paulo (1947); na Comissão Nacional da Revisão do Código de Menores (1948); na proposição dos anteprojetos de Clemente Mariani (1948) e o substitutivo de Lacerda (1958), que subsidiaram a primeira Lei de Diretrizes e Bases da Educação Nacional n.º 4.024/61, na parte alusiva à Educação de Escolares Excepcionais, incluindo-se os artigos alusivos à assistência educativa aos excepcionais, escritos pelo professor Würth (Würth, 1965, p. 64).

Anísio Teixeira convidou Würth para residir no Rio de Janeiro e, nos dois anos de trabalho no Instituto Nacional de Estudos Pedagógicos (Inep), do MEC, surgiram estudos e dois inquéritos, um nacional, alusivo aos menores transviados, e outro internacional, alusivos à curabilidade dos vários tipos de epilépticos. Thiago Würth representou o desembargador Augusto Sabóia da Silva Lima nos Congressos Internacionais dos Juízes de Menores no exterior, dando origem à representação oficial do Ministério da Justiça nos anos de 1952, 1954, 1958 e 1962.

O professor Thiago Würth recebeu, ainda em vida, muitas honrarias e reconhecimentos. Para o presente trabalho selecionamos algumas manifestações:

Por Ângelo Guido Gundlach, amigo, professor, artista e escritor, 1931.

> O professor Thiago Würth não vem mostrar erudição nem louvores literários, vem apresentar algumas verdades que precisam ser proclamadas em altas vozes nesta época atordoante e inquieta, de incertezas e de confusão, de paixões desenfreadas e de lutas tremendas de classes. Ele fala em nome de multidões desgraçadas que precisam ser amparadas, conduzidas a um padrão superior de existência, atraídas para perto dos nossos sentimentos de humana solidariedade e educar para que não se tornem, como se tornarão, se as abandonarmos [...]. É o quadro das multidões de anormais e normais desamparados, de milhões de crianças e jovens que a turba dos vencedores ou dos mais fortes irá derrubando, triturando ou jogando à margem da vida, nos hospícios, nos prostíbulos, nos cárceres, na sarjeta a mendigar, ou na taberna a embriagar-se e premeditar crimes (Würth, 1975, p. 16).

Por Gilberto Freire, sociólogo e parlamentar brasileiro, em 1948.

> Há no Brasil um grande entusiasta das boas causas sociais, o professor Thiago Würth. Compreende-se assim que tenha partido dele a melhor homenagem com que o Brasil participou da mágoa não só dos católicos dos Estados Unidos como dos cristãos do mundo inteiro, pela morte do Padre Flanagan [...]. O professor Würth destaca que a divulgação da obra de Flanagan pelo cinema, nos dois filmes "de braços abertos" e "somos todos irmãos", preparou o caminho para uma renovação dos métodos de recuperação dos menores abandonados (Würth, 1975, p. 24).

Por Raul Moreira da Silva, amigo, professor, pediatra, na década de 60.

> Vislumbra-se, na sua personalidade, no arrojo de sua obra, a figura de um herói. Herói que após sacrifícios sem conta, abnegação inexcedível, ânimo firme, sem receio, sem temor, poder assistir, agora, ao monumento pestalozziano que ele levantou no Rio Grande do Sul! Tem salvo tantas consciências, tem iluminado tantos espíritos, que já tem lugar assegurado, na sociedade, com profissões honrosas (Würth, 1975, p. 19).

Por Ildo Meneghetti, engenheiro e governador do Rio Grande do Sul, em 15 de março de 1966.

> O professor Thiago Würth é conhecedor profundo da causa da infância e da juventude inadaptadas, dos problemas apresentados pela evolução tumultuária de todos os fatos sociais da sociedade humana dos últimos decênios. Tem procurado sem descanso, em contatos e intercâmbio nacional e internacional, descobrir as manifestações características destes problemas, as suas causas e as medidas tentadas em toda a parte, para solucioná-los. Trazendo para o Brasil, desde 1939, a síntese dos estudos realizados neste sentido em todos os países por ele visitados e em outros com os quais mantém contato epistolar, ele tem fornecido aos setores governamentais amplos relatórios, documentos preciosos e tem divulgado pela imprensa e em conferências nas capitais e nas cidades do interior a doutrina que emerge aos poucos, fecundada pelo sofrimentos do nosso mundo atual, e que já se tem condensada pelo mundo como pedagogia social (Würth, 1975, p. 20).

Por Erna Guilermina Würth, filha, 29 e janeiro de 1974.

> A sua obra no Instituto, na sua colaboração com o Serviço Social Oficial do Estado, e com as campanhas nacionais promovidas periodicamente na Capital Federal e num ou noutro estado, lhe tem valido a consideração de numerosos grandes vultos da nacionalidade, especialmente nos dois terrenos assistenciais do Escolar Excepcional e do Menor Desadaptado. As suas publicações têm sido em via de regra, prefaciadas ou comentadas por personalidades de maior expressão técnica do país e do Exterior. Haja vista a sua eleição nos Conselhos Diretores de vários dos mais importantes organismos internacionais, entre eles o Conselho Diretor da União Mundial dos Organismos de Salvaguarda da Infância, que é órgão de consulta da ONU e acaba de ser no mesmo sentido, convidado pela UNESCO. Quando meu pai, sempre mais era convocado pelo serviço público primeiro, e depois pelos organismos internacionais, ele me confiou, a mim, a Direção da sua obra e Canoas, direção na qual tenho tido o apoio forte do meu irmão o Professor Armando Würth, Diretor da Educação em Canoas e de uma equipe de alta capacidade, de colaboradores já tradicionais. Permaneceu até hoje na direção do internato, a veterana Dr[a] Johanna, minha mãe (Würth, 1975, p. 12).

Por Liberty Dick Conter, prefeito municipal de Canoas/RS, em outubro de 1993.

> Neste momento histórico-cultural, em que o município de Canoas tem oportunidade de sediar o evento "Quando chamamos a educação de especial", ao mesmo tempo em que comemora o nascimento do centenário de nascimento do Professor Thiago Matheus Würth, gostaríamos de render nossas homenagens a essa ilustre personalidade que, além de contribuir, sobremaneira, com a Educação Especial em Canoas, especial também foi sua participação como cidadão canoense, que mesmo devotando sua vida à educação, sempre encontrou tempo para desempenhar sua cidadania, participando ativamente nos fatos que marcaram a história do nosso município (Andrade, 1993, p. 5).

Por Armando Würth, seu filho, em 1993.

> Fazendo uma remissão ao passado para tentar reconstruir a memória da vida do nosso pai, surpreende-nos que a sua figura começou a marcar-nos a partir de nossa escolarização. Talvez, seguindo o costume até hoje da educação da Europa, era e é esta feita até a idade escolar, no lar. [...] Pai e mãe, cobradores severos na parte formativa e ética. Aos 7 anos, todos já liam, sendo o Correio do Povo a leitura. Durante a escolarização começou a cobrança paterna, sempre acompanhada dos "por quês" [...]. Se não sabíamos o "porquê", não tinha valor. O mesmo se aplicava as razões éticas e morais. Thiago Matheus Würth era um educador, mais do que um professor [...]. Era um observador atento no que acontecia a sua volta e um preceptor atilado para avaliar seres humanos. Engajou-se como ninguém pelo Civismo e pelo exercício da Cidadania, apregoando que a ninguém é dado furtar-se, sob protesto algum, aos seus deveres para só então postular direitos [...]. Decorridos 67 anos (referia-se ao ano de 1993) do início da sua luta pioneira, obras escritas, artigos de jornal, discursos em congressos nacionais e no exterior, vemos os direitos da Pessoa Portadora de Necessidades Especiais inscritos na Constituição. Talvez, lá de cima, no céu onde deve estar, possa alegrar-se da missão que abraçou na Terra (Andrade, 1993, p. 7).

E, para finalizar este tópico, Sousa (2018), durante os seus estudos, denuncia que o arquivo de Thiago Würth e os relatos colhidos nas entrevistas, identificadas como memória oral da obra social Instituto Pestalozzi, passam a ser utilizados como provas de um passado que foi esquecido ou negligenciado pela história educacional do município de Canoas, do estado do Rio Grande do Sul e porque não dizer, do Brasil. O espaço de memória

Villa Joana e o Instituto Pestalozzi, diz a pesquisadora, compartilham as lembranças identificadas como lugar dos "Pestaloucos", um espaço que acolhe as pessoas "anormais", e, estendendo o estigma aos fundadores, familiares, professores e demais colaboradores que perpetuam a obra de Thiago Würth.

Obras do autor

Thiago Matheus Würth foi um intelectual generalista, memorialista, pesquisador, escritor e personagem destacado não só nos cenários canoense/sul-rio-grandense/brasileiro, mas também no exterior. Desde o ano de 2016 (Souza; Graebin, 2021), as autoras fazem a curadoria do Arquivo Pessoal de Thiago Würth, o qual permaneceu sem tratamento e consulta por cinquenta anos após a sua morte. O arquivo pessoal do autor fonte contém, entre outros documentos, teses, artigos, traduções, conferências, fotografias e diversos escritos não publicados, nomeados de "memórias". Esses últimos têm como ponto de partida, experiências vividas pelo pesquisador indicando lugares, fatos históricos e considerações sobre o grupo social ao qual pertencia.

Graebin e Sousa (2021) afirmam que a organização do acervo de Thiago Matheus Würth proporcionou, por meio da sua execução, a consciência do macro universo de suas relações profissionais e sociais, como também das suas motivações para a guarda de documentos, mensurando, por exemplo, o resultado do trabalho de pesquisa exaustivo que empreendeu em vida.

As suas obras também poderão ser consultadas em Andrade (1993) e, possivelmente, a Universidade La Salle em breve disponha de todos os seus arquivos em função das pesquisas de Cleusa Maria Gomes Graebin e Mireile Steiner de Sousa. Para este estudo, optamos por quantificar por temática/assunto as suas publicações, conforme sugeria o seu título:

- Elementos autobiográficos: duas publicações (1950 e 1968);
- Cidade de Canoas: quatro publicações (1947);
- Educação dos "anormais": dezoito publicações (1929, 1938, 1942, 1944, 1950, 1951, 1955, 1956, 1958, 1959, 1963, 1964, 1968, 1969, s/d);
- Europa (mais a Alemanha): oito publicações (1936, 1937, 1948, 1951, 1965, 1969, s/d);

- Formação de professores: duas publicações (1936);
- Infância, adolescência e juventude: doze publicações (1931, 1938, 1941, 1950, 1951, 1953, 1954, 1964, 1965, s/d);
- Instituto Pestalozzi de Canoas: duas publicações (1951 e s/d);
- Ortopedagogia: três publicações (1939, 1954, 1970);
- Os menores: duas publicações (1956, 1969);
- Outras (cidade de Porto Alegre, Plano nacional de educação, folclore, Estatística, uma visão melhor do mundo, natal, Pe Teschauer, exposição, folclore,): oito publicações (1927, 1936, 1947, 19491951, 1959, 1969);
- Pedagogia social: oito publicações (1946, 1947, 1950, 1971, 1975, s/d);
- Plano de Assistência aos menores, do Rio Grande do Sul: duas publicações (1948, 1949, 1951).

Obras inéditas (Andrade, 1993):

- *A escola auxiliar e a ortopedagogia*
- *A intangibilidade do terreno pedagógico*
- *A nova concepção atual*
- *Froebel: biografia*
- *Genialidades como problema educacional*
- *O grande livro de Pestalozzi: biografia*
- *Os ineducáveis e os incuráveis*
- *Os institutos médicos-pedagógicos e a ortofrenia*
- *Ringeisen: biografia*

Apreendemos um trecho em que o Prof. Würth parece justificar as razões das suas produções, ou seja, do conteúdo e da finalidade daquilo que registrava. Nas suas palavras:

> [...] tenho, guardadas nos meus arquivos, séries de publicações, avisando que, em tal cidade, em tal município, O PROBLEMA DO MENOR ESTAVA RESOLVIDO (grifo do autor), graças a uma ação bem iniciada, honestamente lançada e levada adiante por algum tempo (Würth, 1965, p. 126, grifo do autor).

Thiago Matheus Würth é, portanto, autor de uma vasta bibliografia produzida durante toda a sua vida, de modo que, o anúncio aqui fica incompleto, porém faz-se ponto de partida para a continuidade das pesquisas.

Principais inspiradores

O Instituto Pestalozzi, fundado em Porto Alegre (1926), e transferido, no ano seguinte, para Canoas/RS, assumiu a "Concepção da Ortopedagogia das Escolas Auxiliares", inspirado na pedagogia social do educador Johann Heinrich Pestalozzi (1746–1827), sob o prisma da "escola-lar", uma organização social para incluir crianças, adolescentes e jovens marginalizadas pela deficiência na escola. Uma concepção e prática muito à frente da legislação brasileira vigente na época.

O Instituto Pestalozzi foi pioneiro da Educação Especial no Brasil, originando o movimento Pestalozziano aqui e em outros países da América do Sul. A obra social fundada pelo Casal Würth, de origem privada, foi criada sem a existência de legislação específica, isenções fiscais, filantropias e ou convênios com o Estado, mantendo-se com recursos de doações advindos de empresas jurídicas e pessoas físicas que apoiaram o ideário do professor Thiago Würth. Aliás, o fundador defendia a cooperação entre a iniciativa privada e os poderes públicos, pois "se quiséssemos sempre ter esperado que houvesse verbas e recursos materiais ou humanos presentes antes de iniciar algo, bem pouco existiria hoje no terreno assistencial" (Würth, 1965, p. 127).

A inspiração de Würth advinha do "fazer de outros". Assim, recomendou uma série de obras que intitulou de "Bibliografia Assistencial" (Würth, 1965), a saber:

1. A primeira tratava-se do *Vocabulário de Psicopedagogia e de Pedopsiquaitria*, editado em francês, com 604 páginas, organizado por Roberto Lafon, trabalho de colaboração de uma ampla equipe de "elevadíssimo gabarito".

2. Na sequência, recomendou a segunda parte da obra de Paulo Moor, *Psicologia Ortopedagógica* que tratava "das perturbações da maturação". Editada em alemão, na Suíça, abordava assuntos para os quais o educador social geralmente encontrava poucas fontes de informação [...]. "Entra profundamente no estudo dos dificilmente educáveis" (Würth, 1965, p. 136).

3. O livro *As crianças de Napoli*, do Padre Dom Mário Borelli, inspirado pela realidade da obra social do famoso Dom Vesúvio, o Padre marginal que se identificou, por anos, com a vida entre os menores vagabundos do *bas-fond* [48] social de Napoli, com as suas sombras sociais. O texto foi adaptado para o cinema sob o título de *Dom Vesúvio*. Würth sugeriu a edição francesa (pois havia uma versão traduzida em italiano) com 19 capítulos, contando a saga do corajoso "apóstolo dos miseráveis" ao longo da vida de humilhações, de sofrimento e de fome. Outra versão dessa mesma obra intitula-se *Filhos do Sol*, de Morris West, narrada em inglês com outros detalhes, apresentando comentários da Sr.ª Eleanor Roosevelt.

4. *Anos de molecagem* é uma preciosa contribuição ao estudo psicológico e pedagógico da pré-puberdade. De autoria do pedagogo e orientador educacional de Hamburgo Hans Heinrich Muchow, foi considerada uma "obra mestra da psicologia juvenil" e o livro constitui-se de duas partes.

5. A principal obra indicada foi a *Ortopedagogia*, considerada pelo Prof. Thiago Würth como sendo um verdadeiro curso para todos os profissionais que desejassem trabalhar com as crianças "excepcionais", dos mais diversos tipos de excepcionalidade. Desenvolvida pelo médico-chefe da clínica de neurologia infantil de Munique, o Dr. Friedrich Meinerts. Publicada em alemão, a obra tem mais de 250 páginas.

6. O último livro proposto foi *Educar crianças sem conflitos*, de Hansheinz Reinprecht, no idioma alemão. "Um livro que modifica o educador e ajuda a modificar a criança" (Würth, 1965, p. 138). O livro contém 350 páginas.

Ainda como parte da "Bibliografia Assistencial", Würth (1965) sugere "as grandes revistas especializadas", versando igualmente sobre grandes temas da época: reeducação, salvaguarda da infância e ortopedagogia. Algumas revistas eram de origem francesa e outras alemã.

O Prof. Thiago Würth foi influenciado por seus pares ao mesmo tempo que os influenciou. Um exemplo foi a sua participação junto a 300 congressistas, com delegação de 20 países (Würth, 1975) num dos encontros internacionais de estudos sociais de proteção e assistência à

---

[48] De significado pejorativo: camada degradada da sociedade; escória social, ralé.

infância e juventude, em 1939, representando o Brasil no 1º Congresso Internacional de Assistência Educativa especializada aos menores deficientes, no Palácio da Liga das Nações em Genebra. O evento teve como principais organizadores Therese Simon e o pedagogo suíço Heinrich Hanselmann, fundador, em 1937, da Sociedade Internacional para a Pedagogia das Crianças Deficientes e a Sociedade Internacional de Ortopedagogia.

Justificativa da escolha das obras do autor para o presente estudo

Embora saibamos que Thiago Matheus Würth é autor de uma vasta bibliografia, sabemos também que elas ainda não são de fácil acesso. Assim, o primeiro critério foi selecionar, dentre aquelas que tivemos acesso, as obras, cujos títulos ou subtítulos carregassem diretamente a expressão "pedagogia social".

Assim sendo, identificamos a expressão "pedagogia social" em três obras: a) Thiago Würth (1969), *Estudos de pedagogia social: assistência educacional a infância inadaptada* (subtítulo); b) Thiago Würth (1975), *O escolar excepcional: estudos reunidos da pedagogia social* (título) e; c) Thiago Würth (1947), *Conferências de Pedagogia Social* (título) e *Pontos de pedagogia social*, do Dr. Pierre Bovet, da Universidade de Genebra (subtítulo).

Um segundo critério foi uma breve avaliação da relevância do conteúdo, assim, elegemos a quarta obra: Thiago Würth (1965), que recebeu o título de *A voz do mundo assistencial face aos problemas da infância, da adolescência e da juventude*.

Principais conceitos abordados por Thiago Matheus Würth

O Instituto Pestalozzi introduziu, no Brasil, a concepção da "ortopedagogia" das escolas auxiliares europeias, tornando-se a grande concepção de toda a sua obra. O seu sócio fundador Thiago Würth justifica que os seus estudos ao lado de grandes vanguardeiros como, Trüper, Hanselmann, Moor, Dellaert, Ramussem, Stockvis, Rovigatti, entre outros, traçaram, para toda a sua vida, os rumos de uma pedagogia especializada.

Thiago Würth (1975) explica que as "escolas auxiliares" (não necessariamente nomeadas dessa forma) já eram realidade na Alemanha, na Áustria, na França, na Itália, em Portugal e na Suíça, a terra de Pestalozzi. Reconhece que o Brasil teve a sua primeira referência "na assistência educativa à infância, adolescência e juventude detida, retida ou perturbada na sua evolução" em São Paulo, sob a responsabilidade de Norberto de Souza Pinto, diretor-fundador da primeira escola para a infância retardada do estado de São Paulo, de iniciativa articular, datada de 01 de janeiro de 1917.

No 1º Congresso Internacional de educação especializada para a infância, a adolescência e a juventude (1939), em Genebra, ganhou relevo a seguinte ideia:

> [...] num mundo que tivera uma evolução gigantesca dentro das históricas concepções de Pestalozzi, ainda continuavam à margem dos benefícios deste alvo da era pestalozziana. Na terra do mestre, procuraram e lançaram normas para uma ação mundial que visasse concentrar a atenção e educadores e de escolas especializadas, sobre estes seres em perigo de continuidade em desadaptação social. Deste encontro e das teses de seus promotores, surgiu o movimento que, após titubear na denominação, acabou fixando a denominação de sua ação em pedagogia especial... em pedagogia de correção, de cura, de aperfeiçoamento, em ORTOPEDAGOGIA, fundando a Sociedade Internacional desta denominação (Würth, 1975, p. 83, 84).

A partir desta compreensão, podemos afirmar que a ortopedagogia se volta para as necessidades das pessoas com deficiência no sentido pleno e amplo do termo. No caso do Instituto Pestalozzi, esta concepção voltava-se também para os ditos "desajustados socialmente".

Ao configurar-se também como "movimento" fez o Prof. Thiago e seus contemporâneos "caminhar". No texto que recebe o título de "A vocação dos ortopedagogos", ele se pronunciou:

> Na minha peregrinação de 54 anos como educador, que por longos anos procurou um caminho, senti-me por anos, só... sem orientação... sem conselho, sem resposta às muitas perguntas dirigidas ao Destino! A infância inadaptada, difícil a dirigir, difícil a ensinar, difícil a compreender [...] me prenderam algum dia, em uma das encruzilhadas da vida e me traçaram um rumo, do qual não consegui mais me desviar. Mas neste rumo encontrei outros solitários, procurando como eu... (Würth, 1965, p. 27).

O professor Thiago Wurth registrou, guardou e publicou as suas experiências de andarilho do mundo, assim como as experiências da andarilhagem dos outros que encontrou na sua permanente caminhada, estabelecendo um modo de ser e estar no mundo, buscando e levando toda a ajuda possível. De uma das suas visitas na França ele anotou:

> Abbé aparece com as suas teses sociais nas quais predomina as do socorro àqueles que têm fome [...]. Em Paris combinei um encontro [...] O que São Vicente de Paula criou na França, existe no Brasil há muito nas obras vicentinas [...] A verdadeira e objetiva pesquisa científica não pode conhecer nem fanatismos, unilaterais, nem prevenções cegas sem estudo e consulta (Würth, 1965, p. 74).

Do seu encontro com Abbé (na França), o Prof. Thiago Würth sublinha o seu maior aprendizado: "diante de todo sofrimento humano, na medida do que poderás fazê-lo, faze tudo para imediatamente aliviá-lo, mas também no sentido de destruir a causa". Diante disso, podemos afirmar que "os encontros" de experiência e com o conhecimento são essenciais e, nestes, os conceitos são aperfeiçoados.

Thiago Matheus Würth e a pedagogia social

Embora o Instituto Pestalozzi Canoas/RS fora inspirado na pedagogia social do educador Johann Heinrich Pestalozzi (Würth, 1975, P. 68) e a expressão "pedagogia social" esteja grifada em títulos e subtítulos das obras do Prof. Thiago Würth (1947, 1969. 1975), há poucas incidências em que o autor faça referência a pedagogia social em si.

Uma interpretação nossa é que a pedagogia social está colocada como uma espécie de "pano de fundo" que acolhe os demais elementos que compõe o cenário da obra desenvolvida pelo autor. Uma obra que se faz com o olhar de muitas disciplinas, como, a educação, a assistência social, a saúde, o direito, dentre outras. Isso fica evidente em Würth (1947), por exemplo, cujo título é *Conferências de Pedagogia Social*, contendo uma diversidade de temas. Outra compreensão específica de pedagogia social é de que ela deverá, talvez, se ocupar do "instinto social" (Würth, 1947, p. 135) existente em todo o ser humano.

Para concluir

Foi uma grata satisfação o encontro com as pesquisas de Andrade (1993) e Sousa (2018 e 2021), enriquecendo os nossos estudos. A propósito nos indagávamos acerca do lugar da mulher, esposa, sócia-fundadora do Instituto Pestalozzi, curiosidade deferida por Sousa (2018) ao analisar o retrospecto sobre vinte anos de direção dos trabalhos educacionais no

Instituto Pestalozzi. Tal documento indica que o professor Thiago Würth reconhece o trabalho intenso, a responsabilidade integral, da família e da instituição educacional à Johanna Würth a gestão direta da obra social e relato sobre o apoio da fundadora.

A obra de Thiago Würth passa a ganhar visibilidade também com a criação do site do Centro Histórico do Movimento Pestalozziano Professora Sarah Couto Cesar (2021). Além de informações biográficas, é possível encontrar também algumas obras e documentos digitalizados. Com propósito semelhante, em agosto de 2022, numa atividade comemorativa do aniversário de 79 anos da cidade de Canoas, a Casa de Artes Villa Mimosa acolheu a mostra "No Coração do Olhar", que revela a redescoberta da obra do professor Thiago Würth e o despertar da educação especial no Brasil, com curadoria de André Venzon e pesquisa de Meirele Steiner.

A cidade de Canoas rendeu homenagem ao Professor Thiago Würth e sua filha Erna Guilhermina Würth com a nomeação de duas escolas com os seus nomes. Respectivamente, EMEF Professor Thiago Wurth e EMEF Erna Würth. O tombamento da casa Villa Joana também é parte da preservação desse patrimônio arquitetônico, mas principalmente de valor humano, imaterial.

Após uma lacuna temporal de silêncios e até de negligência acerca da obra de Thiago Würth, conforme identificada por Sousa (2018), alegra-nos constatar e anunciá-lo como fonte da pedagogia social que afirma como ninguém o lugar da pessoa com deficiência nesse campo de estudo.

Referências

ANDRADE, Mariza Pires. **Thiago Matheus Würth**: referências bibliográficas. Departamento de Cultura. Secretaria Municipal de Educação, Cultura e Desporto. Canoas: Prefeitura Municipal, 1993. Disponível em: https://drive.google.com/file/d/1P-tLjGQrLrgMUla94fcONhp8o8iJClbC/view. Acesso em: 15 nov. 2022.

CENTRO Histórico do Movimento Pestalozziano Professora Sarah Couto Cesar. **Tiago Würth.** FENAPESTALOZZI. Brasília, 2021. Site. Disponível em: https://centrohistoricosarahcesar.org.br/tiago-wurth/. Acesso em: 8 set. 2022.

GRAEBIN, Cleusa Maria Gomes; SOUSA, Mireile Steiner de. **Vestígios da gênese da inclusão escolar de pessoas com deficiência no Brasil**: arquivo pessoal Thiago Würth. Congresso Internacional Sociology of Law. Universidade Lasalle,

Canoas: Editora Unilasalle, 2021. Disponível em: https://svr-net20.unilasalle.edu.br/bitstream/11690/3263/1/cmggraebin.pdf. Acesso em: 11 fev. 2023

SOUSA, Mireile Steiner de; GRAEBIN, Cleusa Maria Gomes. **O arquivo de Thiago Würth**: articulando memória individual e coletiva. VI Jornadas Mercosul: memória, ambiente e patrimônio. Universidade La Salle. Canoas: Editora Unilasalle, 2021, p. 276-281. Disponível em: https://revistas.unilasalle.edu.br/index.php/books/article/download/9008/3378. Acesso em: 15 nov. 2022.

SOUSA, Mireile Steiner de. **Thiago Matheus Würth e o Instituto Pestalozzi (1926 – 1979):** o personagem e seu ideário social a partir de seu arquivo pessoal e nas memórias de família. Dissertação (Mestrado em Memória Social e Bens Culturais). Universidade La Salle, Canoas, 2018. Disponível em: http://repositorio.unilasalle.edu.br/bitstream/11690/1422/1/mssousa.pdf. Acesso em: 8 set. 2022.

WÜRTH, Thiago Matheus. **A voz do mundo assistencial face aos problemas da infância, da adolescência e da juventude.** Canoas: Instituto Pestalozzi, 1965, 139p.

WÜRTH, Thiago Matheus. **Conferências de Pedagogia Social**. Instituto de Psicologia, Faculdade de Filosofia. PUC RS, Canoas: Instituto Pestalozzi, 1947, 70p.

WÜRTH, Thiago Matheus. **O escolar excepcional**: estudos reunidos da pedagogia social. v. 2. Canoas: Ed. La Salle, 1975, 468p.

WÜRTH, Thiago Matheus. **O problema do menor abandonado**. Porto Alegre: Fundação Estadual do Bem Estar do Menor, 1969, 42p.

KLAUS MOLLENHAUER
(1928-1998)

KLAUS MOLLENHAUER: A EMANCIPAÇÃO COMO PRINCÍPIO SOCIOPEDAGÓGICO

Danilo R. Streck
Valburga Schmiedt Streck

Sobre a vida e obra

Klaus Mollenhauer nasceu em 1928, em Berlim, filho de um assistente social. Estudou na Pomerânia, foi assistente da força aérea e em 1945 foi prisioneiro de guerra. Entre 1948 e 1950 estudou na Faculdade de Pedagogia em Göttingen e trabalhou como professor de ensino fundamental e educação domiciliar. Nesse período, é fundada a República Federal da Alemanha e em 1949 é aprovada a Lei Fundamental da República Federal da Alemanha, que é um modelo da transição do autoritarismo à democracia. Importante mencionar que a faculdade de pedagogia foi fundada por Herman Nohl, um dos precursores da pedagogia social que desenvolve suas reflexões sobre as relações das gerações com a educação. Para Nohl, a reivindicação dos jovens sobre a capacidade de se organizar e liderar passa por um processo educacional (*The relationship of Generations in Education*), não deixando de lado os direitos dos jovens e crianças.

A dissertação de Mollenhauer, publicada em 1959, com o título "As origens da pedagogia social na sociedade industrial", e em 1964 as publicações "Introdução na Pedagogia Social" e "Problemas e Conceitos do trabalho com juventude" desencadeiam uma ampla discussão no mundo profissional sobre os as origens e conceitos da pedagogia social.

De 1965 a 1965 ele foi professor adjunto da Universidade de Educação em Berlin e de 1965 a 1972 foi professor nas Universidades em Kiel e na Universidade de Frankfurt am Main. De 1972 até sua aposentadoria, em 1996, foi professor na Universidade de Göttingen.

Mollenhauer foi um dos mais importantes formadores de opinião na discussão da pedagogia social e o seu trabalho está diretamente conectado tanto com a história do desenvolvimento da república Federal da Alemanha, bem como com a pedagogia social e com a ciência da educação.

A ele chamaram atenção tanto os problemas e conflitos entre as gerações como as mudanças de valores e forma de comportamento que ele vivenciou, entre eles: a geração após a Primeira Guerra Mundial e a República de Weimar; a geração que viveu sob o regime nazista e resistiu à Segunda Guerra Mundial; a geração que construiu a jovem democracia alemã e o milagre econômico; a geração que protestou contra as estruturas e conquistas políticas, econômicas e sociais dessa geração e exigiu o fim do capitalismo e, por último, a geração de riqueza e herança.

A sua pesquisa traz o enfoque nos problemas pedagógicos da tradição europeia na área da pedagogia social com a pergunta se é possível, por meio da pedagogia, formar uma pessoa autônoma e crítica. A outra questão que o interessa é a relação cada vez mais complicada entre as gerações e como desarmar estes conflitos. Perguntas como o que a geração mais velha quer dos jovens e como vivem e o que objetivam os jovens permeiam sua pesquisa. Como desarmar os conflitos abertos lembrando que os jovens alemães na década de 1960 ficam sabendo do envolvimento dos pais no regime nazista e isso desencadeia conflitos e uma negação dos pais pelos jovens.

O tema juventude tem sido e continua sendo assunto na tradição social, psicológica e pedagógica alemã e, cabe lembrar, o movimento da juventude na Alemanha teve grande influência no início do século XX, quando os jovens se opõem à vida urbana que é alterada com a industrialização. Os jovens, especialmente da classe média, querem viver em contato com a natureza e realizam caminhadas e passeios nos finais de semanas e nas férias. O romantismo tem grande influência nas maneiras de sociabilidade e canções folclóricas ganham destaque. O movimento rapidamente se espalha pelo país e, com o passar do tempo, influencia a criação de grupos de jovens nas igrejas católica e protestante. Se no início são apolíticos, aos poucos vão sendo expostos e aderem a correntes políticas e, assim, formam-se grupos com orientações ideológicas social-comunistas e nacional-socialistas, resultando em polarizações. Com a ascensão do nazismo, o nacional-socialismo incorpora todo o movimento da juventude e o integra na juventude hitlerista. Dessa forma, dissolve-se o movimento anterior. Após, os outros movimentos de jovens nunca tiveram a mesma proeminência.

Mollenhauer, na década de 1960, desenvolve sua teoria a partir dos pensamentos de Nohl e Bäumer e percebe a educação como "Comunicação", "Interação" e "Reprodução". Em 1968, o livro *Educação e Emancipação* tem o foco em creches, movimentos estudantis, revoltas estudantis, e, em 1972, publica *Teorias sobre o Processo Educacional*.

A partir de 1980, Mollenhauer retoma às questões sociopedagógicas discutindo a relação entre a pedagogia e a pedagogia social e a formação de teorias da pedagogia social e bem estar infantil e juvenil. Em 1992, publica o livro *Diagnóstico Educacional Social: Sobre Jovens em Situações Difíceis de Vida*. Em 1995, publica *Diagnóstico Educacional Social II: Autointerpretação de jovens com comportamento difíceis como base empírica para planos educacionais*. Falece em 1998.

Obra-fonte para a reflexão

O livro que serve de base para esta reflexão tem como título *Introdução à pedagogia social: Problemas e significados do trabalho com jovens*.[49] A primeira versão do livro é de 1964, um ano emblemático na história do Brasil com a instalação da ditadura militar. Não será difícil, portanto, estabelecer relações com o movimento pedagógico da década de 1960 na América Latina, que teve em Paulo Freire um de seus grandes expoentes. O livro foi ampliado em 1974 e em 1988 foi acrescentado um posfácio de Wolfgang Müller, sendo essa a versão usada neste estudo.

O livro está dividido em cinco partes. A primeira, com o título de "Problemas" (*Probleme*) traz alguns aspectos da relação entre pedagogia social e a sociedade, apresenta a questão da geração como central para a pedagogia social e no terceiro tópico aborda o tema da saúde, os riscos e a falta de cuidado ou negligência. Trata-se, efetivamente, da identificação daquilo que no entendimento de Mollenhauer deveria ser o motivo de existência de uma pedagogia social.

A segunda parte, intitulada "Aspectos sociopedagógicos do desenvolvimento humano" (*Sozialpädagogische Aspekte des Heranwachsens*), pergunta pelas necessidades fundamentais ou básica da pessoa para o seu desenvolvimento e passa a seguir para a reflexão dos conceitos de ajustamento (*Anpassung*), reeducação (*Umlernen*) e conflitos (*Konflikte*). Os próprios conceitos, por si, já sinalizam a linha de reflexão do autor, como veremos ao explorar alguns conceitos.

Segue-se uma parte prática, conforme indicado no título "Aspectos da atuação em pedagogia social" (*Aspekte der sozialpädagogische Tätigkeit*), em que temos a abordagem dos seguintes temas: cuidado (*Fürsorge*),

---

[49] O título original é *"Einführung in die Sozialpäpadogik: Probleme und Befriffe der Jugendhilfe"*. A expressão "Jugendhilfe" foi traduzida como trabalho com jovens como aproximação do sentido original do alemão "Hilfe", que significa ajuda, apoio ou auxílio. As traduções serão feitas for nós, autor e autora deste texto.

planejamento (*Planung*) e diagnóstico (*Diagnose*); proteção (*Schutz*), preservação/cuidado (*Pflege*), aconselhamento (*Beratung*) e instituições (*Institutionen*). Nessa parte do livro o autor nos leva aos lugares onde a pedagogia social é praticada no cotidiano.

Na quarta parte temos uma reflexão sobre "Avaliação e controle das aporias comportamentais desviantes da pedagogia liberal-burguesa" (*Bewertung und Kontrolle abweichender Verhaltens-Aporien bürgerlich-liberaler Pädagogik*), em que o autor busca relacionar a pedagogia social com autores como Pestalozzi e Rousseau. Reflete também temas como os efeitos da estigmatização, o papel das instituições totais e o significado do trabalho na pedagogia social.

Por fim, Mollenhauer apresenta "Uma visão geral sobre as instituições de pedagogia social" (*Übersicht über die sozialpädagogischen Einrichtungen*). Inicia o capítulo referindo os jardins de infância concebidos por Friedrich Fröbel como a instituição de pedagogia social mais antiga e estável. A maior parte do texto, conforme a geração considerada prioritária por Mollenhauer, é dedicada ao trabalho com jovens e os lugares de sua educação.

Julgamos importante trazer as temáticas abordadas no livro porque elas constituem, como anunciado no título, efetivamente uma introdução à Pedagogia Social, refletindo conceitos, identificando os campos de atuação e o lugar da disciplina no campo da pedagogia. Ele, por sinal, começa a sua introdução ao livro dizendo que uma Introdução (no caso, o livro) pressupõe que existem pessoas que necessitam dela para se familiarizar com o campo e que por isso mesmo ela parte de um estado de conhecimento que representa um certo consenso naquele momento. A seguir serão feitos destaques para aprofundar a compreensão de determinados conceitos e as respectivas tarefas que Mollenhauer atribui à Pedagogia Social.

O lugar da Pedagogia Social

A Alemanha é vista hoje como uma das referências em Pedagogia Social. Nesse sentido, a obra de Klaus Mollenhauer é relevante, entre outros motivos, porque ela nos remete ao início da construção de uma teoria de Pedagogia Social. No prefácio de 1973 no mesmo livro-fonte para este estudo, ele faz um interessante apanhado do estado da Pedagogia Social no início da década de 1960, quando o livro foi concebido e escrito. Dentre os pontos citados destacamos os seguintes: 1) em nenhuma universidade da República

Federal da Alemanha havia uma carreira de Pedagogia Social, havendo apenas iniciativas de formação esparsas em escolas técnicas de nível superior; 2) pesquisa empírica era apenas um programa, com diálogos incipientes com disciplinas correlatas; 3) em termos de juventude, acentuava-se a ideia de subcultura, em perspectiva individualizada e de colar etiquetas (*labeling*) com acepção negativa, como criminosos e desviados; 4) o movimento estudantil estava apenas em sua fase de gestação e depois traria importantes contribuições para configurar o campo da Pedagogia Social no sentido de novas compreensões da relação entre indivíduo e sociedade.

Klaus Mollenhauer ajuda a construir esse espaço para a Pedagogia Social no âmbito da própria pedagogia e suas subdivisões que ele define como sendo a pedagogia escolar, a educação/pedagogia especial, a educação/pedagogia da família e a educação/pedagogia profissional. A Pedagogia Social encontra seu lugar entre a pedagogia geral e a assistência social. Ela vai paulatinamente se constituindo como um campo híbrido, inter e transdisciplinar, incluindo principalmente a sociologia e a psicologia, e preenche uma lacuna deixada pela família e pela escola, não mais suficientes para a inserção das novas gerações na sociedade.

Para Mollenhauer existe também um lugar ou contexto histórico de emergência da Pedagogia Social na Alemanha, que ele localiza na revolução industrial com a ameaça de empobrecimento de grande parte da população. As primeiras instalações de Pedagogia Social como as conhecemos hoje surgiram de iniciativas caritativas cristãs, como educação dos pobres para o novo mundo do trabalho, orfanatos para crianças e asilos para idosos. Até hoje, na Alemanha, as igrejas continuam sendo importantes "prestadoras de serviço" com mediação do Estado.

Bases conceituais

Necessidades do ser humano e educabilidade

A reflexão de Klaus Mollenhauer parte de algumas perguntas e premissas básicas, tais como: Por que, afinal, temos filhos? O que é considerado "normal" como ser humano e pode orientar a educação? Quais são as necessidades do ser humano? De que, afinal, necessitamos? O que significa um desenvolvimento humano saudável? São perguntas que se conectam com a noção de educabilidade, a qual subjaz a toda a pedagogia moderna desde Comenius, passando por Rousseau e tantos outros.

Afinal, diz ele "tudo que pode operar mudanças da pessoa e é suscetível de planejamento, pertence à realidade da educação" (Mollenhauer, 2001, p. 13, tradução nossa). Para isso se faz necessário, implícita ou explicitamente, que haja uma direção fundante (*Grundrichtung*), na qual se baseia a prática educativa. Essa orientação básica seria identificada a partir do Iluminismo como sendo a emancipação. Seria este o que chama de "consenso normativo". No entanto, diz ele, esse senso comum ainda diz muito pouco sobre a real tarefa educativa do presente.

A própria compreensão de emancipação é contextual e histórica. Assim, na década de 1960, ele identifica, por um lado, uma tendência que promove a espontaneidade, que apoia a independência, vê a ordem como uma construção do grupo, enfatiza a aprendizagem de papéis sociais, estimula a assumir responsabilidade e refletir sobre seu próprio esclarecimento. Por outro lado, há uma posição que trata de se inserir a pessoa em uma ordem preestabelecida, reconhecer as autoridades, ser protegido, aprender a obedecer e seguir modelos. Ele conclui que em meio às controvérsias e posicionamentos ideológicos, no final de contas o relacionamento educativo pessoal permanece como começo e núcleo de qualquer processo pedagógico.

Destacamos nessa reflexão a questão das necessidades da pessoa, pois como afirmado por ele, é uma pergunta que adquire um caráter de urgência em épocas de crise. Em suas palavras: "A pergunta 'De que necessita o ser humano?' é uma pergunta pedagógico-antropológica fundamental, que compreensivelmente é formulada enfaticamente em tempos de crise" (Mollenhauer, 2001, p. 59, tradução nossa). Lembremos que o livro foi escrito no início da década de 1960, um período de fortes embates ideológicos e rupturas nos costumes. Quanto às necessidades da pessoa humana, Mollenhauer busca referência em várias teorias disponíveis para fazer uma distinção entre as necessidades primárias e as fundamentais, sendo as segundas aquelas mais afetas ao âmbito da educação porque relacionadas como a forma de socialização da pessoa.

Dentre as várias teorias por ele elencadas destacamos a de Schenk--Danziger (1953 *apud* Mollenhauer, 2001, p. 62) por catalogar uma vasta gama de necessidades de várias ordens das pessoas em desenvolvimento e que de certa forma são basilares para a sua Pedagogia Social: 1) a necessidade de ser aceita e desejada pelos pais; 2) a necessidade de ser cuidada pelos pais; 3) a necessidade de identificação a partir de valores dos pais;

4) a necessidade de ser integrada em uma comunidade não conflitiva que tem o compromisso de protegê-la; 5) a necessidade de uma educação adequada; 6) a necessidade de integração em comunidade do mesma idade; 7) a necessidade de gradativa inserção significativa no mundo adulto de acordo com suas capacidades, habilidades e interesses.

A educabilidade é associada a dois outros conceitos: a apresentação (ou "presentação" — em alemão, *Präsentation*) e a representação. Por apresentação ele entende a obviedade educacional de que inevitavelmente, como adultos, transmitimos aos nossos filhos o que julgamos importante para nós. Essa obviedade, no entanto, é complexa e se torna mais complexa na medida em que são necessárias escolhas e também entram em cena outras instituições além da família. Trata-se, então, da representação, quando são necessárias opções, sendo esse o desafio pedagógico mais importante. A educabilidade apresenta-se para Mollenhauer como "disposição" e como "possibilidade", e sua proposta pedagógica, por isso, está imbricada em uma forte responsabilidade ética e política (Mollenhauer, 1985, p. 21).

Emancipação como princípio

A obra de Klaus Mollenhauer se situa no âmbito da teoria crítica, a iniciar pela inseparabilidade de educação e sociedade. Para ele, ambas não podem ser pensadas separadamente e a "ciência da educação" (dendro da qual se situa a Pedagogia Social) é uma ciência social. É necessário conhecer a sociedade para entender o significado que a educação pode ter dentro dela. Isso, no entanto, não significa uma relação mecânica de causa e efeito. Como assinalado por Michael Winkler em sua análise: "A educação indica para além do presente, porque nela também sempre se configuram possibilidades; ela apresenta para as novas gerações um futuro aberto que elas mesmas precisam fazer" (Winkler, 2002, p. 21). Com isso, a educação tem uma dimensão de transcendência, porque não se deixa prender pelas contingências e pelos fatos. É um espaço de liberdade que eticamente deve ser preservado pela educação sob o risco de comprometer o seu compromisso com os educandos. Segue daí também que a educação tem um papel de transformação da sociedade. Educação não significa apenas integração em um determinado contexto, mas também o desenvolvimento de capacidades e condições para imaginar uma sociedade melhor e modificar a sociedade existente.

Isso se reflete na sua concepção de Pedagogia Social, por exemplo, quando argumenta em favor de uma Pedagogia Social *ofensiva*, em contraposição a uma Pedagogia Social defensiva. A segunda procura apenas remediar ou remendar falhas na socialização por meio de ações paliativas. A primeira, por seu turno, tem um caráter ativo e preventivo em vista da consciência de seu papel social na promoção de uma sociedade democrática e justa. A seguir destacamos alguns aspectos que nos parecem de especial importância em termos de prática da Pedagogia Social na acepção de Mollenhauer.

A função da pedagogia social

A Pedagogia Social, tem entre outras, as funções de ajustamento e de reeducação. Seguem-se alguns pensamentos de Mollenhauer sobre cada uma delas.

Ajustamento (*Anpassung*): para Mollenhauer seria impensável tratar da Pedagogia Social sem a noção de ajustamento. Isso porque na sociedade atual as diferenças e contradições entre grupos, instituições, famílias e pessoas com as quais as crianças e os jovens se relacionam são tantas que a vivência de certa "estabilidade" se tornou um exercício muito difícil. Segundo ele, ajustamento como um conceito da Pedagogia Social compreende a tensão entre ser (*sein*) e dever (*sollen*), entre o esperado e o acontecido. Nisso o ajustamento se diferencia de adaptação. Adaptação é compreendida em um sentido biológico e psicológico e não pressupõe o elemento normativo, que se atribui ao ajustamento. Este tem sua referência na dimensão cultural e antropológica e fornece para a Pedagogia Social o sentido social de sua tarefa.

Algumas peculiaridades do fenômeno do ajustamento destacadas pelo autor são a seguir resumidas:

1. A capacidade de ajustamento é uma função do amadurecimento da personalidade. A flexibilidade de se ajustar a novas situações está relacionada com o desenvolvimento saudável da pessoa. Por isso a segurança emocional é uma condição para o ajustamento.

2. A forma normal de ajustamento também sempre implica um momento ativo. Usando terminologia piagetiana, Mollenhauer afirma que ajustamento não é apenas acomodação a uma situa-

ção dada, mas também assimilação, que significa apropriação e transformação daquilo que é dado. O conformismo seria uma forma de ajustamento mal resolvido.

3. Ajustamento implica a tensão entre continuidade e descontinuidade. Na medida em que predomina um sentido de continuidade, pode-se confiar nas instituições e nos papéis relacionados com ela. Caso existam descontinuidades que representam rupturas bruscas cabe à educação oferecer condições de compensar a descontinuidade.

4. O ajustamento a situações desempenha um papel muito especial e poderia ser mesmo dito que na medida em que há espaço para ajustamento ativo este é o critério para a avaliar a qualidade da situação pedagógica. Possibilita-se com isso as condições para novos ajustamentos.

5. Nos processos grupais confirma-se a profundidade do ajustamento em detalhes como tom de voz, estilo de liderança, a atmosfera criada para interação etc.

Mollenhauer coloca muito bem o dilema posto pelo ajustamento, quando diz:

> Se você sabe que *pode fazer* um número quase infinito de coisas com as pessoas, deveria saber o que quer fazer com elas ou delas, em outras palavras: deve saber se quer *fazer* algo específico com elas ou delas, ou se quer prepará-las para fazer algo *de si mesmo* (Mollenhauer, 2001, p. 77, tradução nossa).

Em uma sociedade complexa e repleta de contradições, o ajustamento necessariamente lida com conflitos e Mollenhauer dedica um tópico a esse tema, identificando as diferentes naturezas de conflitos, desde os conflitos de personalidade aos conflitos sociais. Em todos eles, para que eventualmente sejam resolvidos, é necessário que sejam expressos e trabalhados pela linguagem.

Reeducação (*Umlernen*): outra função chave da pedagogia social é a reeducação, que Mollenhauer relaciona à educabilidade do ser humano. A obviedade desse fato muitas vezes esconde as infinitas possibilidades e os enormes desafios postos para a educação em geral e em particular para a Pedagogia Social. Ao usar o plural "educabilidades", o autor indica que se trata de um processo aberto a sempre novas possibilidades. Deve ser lembrado que Mollenhauer escreve na realidade pós-guerra, quando a Alemanha passa por um profundo processo de autorreflexão não só com a derrota militar, mas com a derrocada do nazismo.

A reeducação não se refere apenas a uma mudança de habilidades, por exemplo, de transformar um sapateiro em um operário de fábrica de calçados, mas envolve valores, interesses, necessidades e habilidades. Ou seja, a reeducação vai muito além de ser um simples treinamento para uma nova profissão. É um processo cultural em um mundo no qual existem subculturas e onde a relação entre elas precisa ser levada em conta no processo de reeducação.

Mollenhauer identifica quatro tipos de reeducação. O primeiro se refere a um processo geral em uma sociedade na qual a socialização não se dá em círculos concêntricos, mas onde estes círculos se cruzam, exigindo novas capacidades. A segunda situação de reeducação se dá na entrada na escola, que representa o confronto com uma nova subcultura. Os agrupamentos juvenis formam um terceiro tipo de reeducação, e é de interesse especial para o trabalho com jovens. O quarto tipo refere-se ao mundo do trabalho, onde novas aprendizagens se fazem necessárias. Mollenhauer alerta que falar de reeducação só faz sentido quando houve educação, tendo como pressuposto que algo de positivo ou negativo tenha acontecido na educação anterior.

Aspectos da prática da Pedagogia Social

A *Introdução à Pedagogia Social* de Mollenhauer vai a detalhes da prática de Pedagogia Social que aqui não podem ser explicitados. Ela é para ele uma atividade que requer planejamento e diagnósticos, com o que passa também a fazer parte das ciências sociais, e se diferencia das pedagogias escolares por não ter um conteúdo a ser trabalhado, mas isso não a exime de planejamento com bases científicas, o que por seu turno será também a base para uma profissionalização na área.

Dentre as ações por ele destacadas estão a proteção, o cuidado e o aconselhamento. Uma atenção especial é também dada às instituições. Sobre a proteção, ele argumenta que hoje parece senso comum que as novas gerações precisam ser protegidas, o que na história da humanidade nem sempre aconteceu. A proteção tem dois aspectos que a fundamentam como um princípio pedagógico: a) a proteção das novas gerações dos potenciais riscos da sociedade moderna; b) a proteção das influências totalizantes das gerações adultas que necessariamente implicam uma espécie de reducionismo.

O cuidado, por seu turno, corresponde ao aspecto positivo da proteção. Cuidar, tomando a analogia do jardim, significa cultivar para que aquilo que é dado pela natureza adquira determinada forma e se ajuste a certa ordem. Mollenhauer destaca o papel das atividades no tempo livre, no qual as atividades lúdicas são organizadas em uma lógica distinta das atividades escolares ou da profissionalização.

O aconselhamento é visto por Mollenhauer não como uma atividade restrita a um campo de trabalho específico ou a uma determinada instituição. Tal como a proteção e o cuidado, o aconselhamento é parte constitutiva das tarefas do pedagogo social. Isso se torna mais relevante à medida que o aconselhamento é reduzido na família, na vizinhança, no trabalho e na escola, abrindo-se por isso um campo para a Pedagogia Social. Ele é visto pelo autor como um "momento frutífero" da educação pela relação interpessoal estabelecida entre educador e educando.

Por fim, Mollenhauer dedica uma atenção especial às instituições a partir da constatação de que até esse ponto da discussão a Pedagogia Social foi compreendida como uma atividade que pode ser realizada em qualquer contexto. Para Mollenhauer, essas instituições especializadas têm um papel importante na medida em que representam estabilidade e continuidade no processo educativo. Falando especificamente dos lares para crianças e jovens ele ressalta que um lar não é uma família, mas que ele se coloca na mediação entre família e sociedade.

Considerações finais

A leitura dos escritos de Klaus Mollenhauer suscita muitas conexões com o nosso contexto, seja na forma de semelhanças, de diferenças ou de questionamentos. Nesse espaço faremos apenas algumas considerações pontuais, a começar pela reafirmação da importância de sua obra para a educação em geral e para a Pedagogia Social em particular. O livro-fonte oferece pautas tanto para o estudo e o ensino da Pedagogia Social quanto para pesquisas empíricas. É uma obra que nos permite acompanhar a construção de um campo de prática e de teoria na Alemanha pós-guerra, onde a questão da juventude se colocava como prioritária.

Ao ler o livro *Introdução à Pedagogia Social* é quase automática a associação com Paulo Freire, em especial o seu livro clássico *Pedagogia do oprimido* (1981), escrito na mesma década. Tanto um como outro colocam no centro do processo educativo o sujeito educando. Emancipação, para Mollenhauer, e libertação, para Freire, são conceitos chaves que refletem diferenças contextuais e conceituais que merecem um estudo à parte. A educabilidade para Mollenhauer é, em outras palavras, o inacabamento para Paulo Freire, colocando-se como desafio permanente para a educação. Com ambos aprendemos que refletir sobre educação significa enfrentar os problemas fundamentais do que significa ser humano/gente no mundo em que vivemos e para o mundo que desejamos.

A Pedagogia Social, na acepção de Mollenhauer, pode ser concebida como uma parceira da Educação Popular na América Latina (Silva; Machado, 2013). Proteção, cuidado, transformação social, entre outros, fazem parte do ideário de ambas e adquirem significados próprios de acordo com as circunstâncias. Ambas, no entanto, afirmam uma normatividade ética que não dicotomiza a transformação do indivíduo e da sociedade.

Referências

FREIRE, Paulo. **Pedagogia do oprimido**. 9. ed. Rio de Janeiro: Paz e Terra, 1981.

MOLLENHAUER, Klaus. **Einführung in die Sozialpädagogik**: Probleme und Begriffe der Jugendhilfe. Basel: Beltz, 2001.

MOLLENHAUER, Klaus. **Vergessene Zusammenhänge**: Über Kultur und Erziehung. München: Juventa, 1985.

SCHENK-DANZIGER, Lotte. *Entwicklungstests für das Schulalter*. Band 1: Altersstufe 5–11 Jahre. Jugend und Volk, Wien 1953.

SILVA. Roberto; MACHADO, Érico Ribas. Uma mesma teoria geral para a educação popular e a educação social? Aproximações empíricas, teóricas e metodológicas. *In:* STRECK, Danilo R.; ESTEBAN, Maria Teresa (org.). **Educação Popular**: Lugar de construção social coletiva. Petrópolis: Vozes, 2013, p. 128-142.

WINKLER, Michael. **Klaus Mollenhauer**: Ein Pädagogisches Porträt. Basel: Beltz, 2002.

JOSÉ MARÍA QUINTANA CABANAS
(1930-2013)

JOSÉ MARÍA QUINTANA CABANAS: A SISTEMATIZAÇÃO DA PEDAGOGIA SOCIAL NA ESPANHA

Levi Nauter de Mira

Biografia

José María Quintana Cabanas nasceu no ano de 1930, na cidade de Bagà, província de Barcelona, Espanha. Faleceu em 31 de maio de 2013 na sua residência, em Condal. Foi professor na Universidade de Barcelona, na Universidade Autônoma de Barcelona e na Universidade Nacional de Educação a Distância (Uned), em Madri. Sua relevante obra vem ultrapassando as fronteiras da Espanha e servindo para reflexões em diversos países. A abrangência e a fecundidade de seu trabalho também impressionam, transitando entre a filologia, os estudos etimológicos, a tradução e a filosofia. Estudou em Munique com o professor Reinhard Lauth, especialista no pós-kantiano (1780 e 1850), Johann Gottliebe Fichte (1762-1814), que o levou a admirar o idealismo alemão — representado por Immanuel Kant (1724-1804) e Georg Wilhelm Friedrich Hegel (1770-1831). Esse pensamento emerge na obra do professor espanhol nas ênfases que dá aos valores morais e a um certo pragmatismo. A influência do pensamento intelectual alemão se observa não só na sua trajetória de estudos feitos naquele país, senão também pelas traduções que fez da língua alemã para a língua espanhola.

O autor catalão escreveu aproximadamente 60 artigos em revistas, colaborou em 44 obras coletivas, escreveu 66 livros, orientou 18 teses e coordenou 2 publicações[50]. Como estamos trabalhando com autores seminais para a Pedagogia Social, não se pode deixar de destacar a influência de Pestalozzi sobre Cabanas. Torrano (2014, p. 494) destaca que o professor espanhol frequentava bibliotecas alemãs na busca por "textos originales de Pestalozzi, cuyas traducciones se desconocían" na Espanha. Mais de dez obras pestalozzianas foram traduzidas (Torrano, 2014).

---

[50] Tais informações estão disponíveis em https://dialnet.unirioja.es/servlet/autor?codigo=53221. Acesso em 11 ago. 2021. No sítio também é possível baixar alguns de seus artigos.

Em 1994, a primeira antologia de pedagogia social foi lançada: *Educación Social: antologia de textos clássicos* (Cabanas, 1994). Há uma seleção de autores alemães cuja tradução para o espanhol se dava pela primeira vez: Pestalozzi, Diesterweg, Kerschensteiner, Krieck, Spranger, Nohl. Nessa mesma obra aparece o espanhol Ruiz Amado. Cinco anos depois, em 1999, *Textos clásicos de pedagogía social* (Cabanas, 1999) é lançado com mais alguns autores importantes: Bergemann, A. Fischer, Aichhorn, G. Baümer, Mollenhauer, entre outros.

O que dizem do autor, e quem diz

A obra de Cabanas a respeito da pedagogia social é consideravelmente referenciada em razão do que se considera sólido embasamento teórico, além de ter sido um tema bem sistematizado pelo autor na sua clássica *Pedagogía Social* (Cabanas, 1988). Nesse sentido, mais se utiliza a *obra* do que se *fala* do autor. Uma possível explicação pode estar relacionada com o fato de ele ter falecido tão recentemente, em 2013. O autor, portanto, era bastante ativo na produção de trabalhos.

Vejamos alguns exemplos como forma de ilustrar sua importância. No livro *Pedagogía Social-Educación Social,* de Gloria Pérez-Serrano (2010), ele fez a Apresentação e o Epílogo dessa obra que também se tornou referência.

Obras de Cabanas constituem-se referencial teórico em Caride (2002; 2005), Raga e Mateo (2010), Petrus (1997), Molina (2003), para ficar em alguns exemplos.

As editoras Dykinson e Narcea, em parceria, publicaram um livro com 16 capítulos escritos por estudantes e amigos do pedagogo, uma introdução ao seu pensamento sob o título *Por una Pedagogía Humanista – homenaje al prof. José Maria Quintana Cabanas.* No entanto, ainda é tarefa difícil encontrá-lo no Brasil.

Justificativa da escolha da obra

Pedagogía Social, de Cabanas (1988), constitui-se uma das principais sistematizações a respeito do tema[51]. A escolha dessa obra se deve ao fato de o autor ter-se tornado uma referência recorrente nas reflexões

---

[51] Mais especificamente, a segunda obra de referência, tendo em vista ter sido publicada em 1984. A primeira — *Educación Social*, de Ramón Ruiz Amado — foi publicada em 1920 (Cabanas, 1994).

em diversas pesquisas publicadas no Brasil e na América Latina. Ademais, quando mais detidamente a estudamos percebemos a abrangência que o autor buscou refletir e o quanto elencou de referenciais teóricos ainda por conhecermos. Trata-se, portanto, de um compêndio que nos convida antecipadamente a mais de uma visita, ou seja, a diversas leituras e releituras.

Importante relembrar que o objetivo aqui é incentivar que os leitores busquem a obra original, estudem-na e, se houver interesse, publicizem outros achados, outras impressões, outras contribuições ao conhecimento desse relevante tema. Por essa razão, os trechos selecionados na sequência estão preferencialmente na língua original do autor, pela compreensão de que ele — melhor que ninguém — diz o que pretendia dizer. Privilegiou-se a palavra do próprio autor, com pequeníssimas interferências desse resenhista, a correr-se o risco de uma eventual superinterpretação (Eco, 2005).

O autor e a pedagogia social/educação social[52]

O livro *Pedagogía Social* (Cabanas, 1988) possui 21 capítulos, sendo o primeiro a Introdução; a Parte 1 (do capítulo 2 ao 14) e a Parte 2 (do capítulo 15 ao 21), somando 533 páginas. Para cada capítulo há um conjunto de referências bibliográficas que o sustenta. E pelo número de páginas já se pode prever que esta resenha não dará conta de uma análise completa e aprofundada. Optou-se, então, por uma síntese na qual conceitos fundamentais são mais detidamente trazidos para nosso conhecimento.

A obra inicia com um Prólogo (p. 5-6) de Ricardo Marin Ibañez, que, ao apresentar o livro, antecipa-se dizendo que as "conclusiones podrán compartirse o no, pero que siempre merecen una atenta consideración" (p. 5). Ibañez refere-se a Cabanas como alguém que "ama las definiciones precisas, las distinciones a veces sutiles" (p. 5).

Em seguida, há uma Apresentação feita pelo próprio José Maria Quintana Cabanas. Nela, o autor comenta brevemente a respeito do vai e vem em torno da pedagogia social, de modo que, num dado momento, a sociologia da educação parecia abarcar a pedagogia social. No final dos anos 1960 os planos de estudos pedagógicos suprimiram a pedagogia social pela sociologia da educação. "No son lo mismo", afirma Cabanas (p. 7), não havendo razão para uma querer "desplazar a la otra". O autor deixa claro que sua obra visa aos estudantes de pedagogia.

---

[52] Todas as citações de páginas fazem referência a Cabanas (1988), salvo indicação contrária.

A Introdução, intitulada "Conceito e objeto da pedagogia social", apresenta primeiro uma discussão em torno de quem seria o autor da categoria pedagogia social para, em seguida, resumir o nascimento dela na Alemanha e seus primórdios na Espanha. Há também um tópico denominado "A pedagogia social em outros países", no qual o autor menciona Paulo Freire (e que é retomado, quando o autor trata da educação libertadora, no capítulo 10). Diz o trecho:

> En el ámbito de América Latina merece mención especial la acción teórica y práctica realizada por el brasileño Paulo Freire en el campo de la alfabetización de adultos, desde 1961 en que contribuyó a fundar el Movimiento de Cultura Popular en Recife (Cabanas, 1988, p. 18).

Na sequência, o autor é taxativo: "El objeto lógico de la Pedagogía Social es la *educación social*" (p. 24, grifos no original). A pedagogia social configura-se para Cabanas (p. 24) como a teoria, a ciência que possui duas funções: a) "cuidado de una correcta socialización de los indivíduos"; b) "la intervención pedagógica en el remédio de ciertas necessidades humanas". É a partir dessa lógica que os diversos capítulos estão estruturados. Portanto, a Parte 1 trata da educação social, enquanto a Parte 2 do que ele denomina ser trabalho social.

Esta resenha centrar-se-á apenas na Parte 1 – a educação social dos indivíduos. O quadro a seguir reproduz os temas abordados, conforme distribuição no índice da obra.

Quadro 1 – Capítulos e temas trabalhados na Parte 1

Capítulo 2 – El educando como ser social. Consideración psicológica	<ul><li>El problema de lo social y el de la sociabilidad;</li><li>Analisis psicológico de la naturaliza social del individuo;</li><li>Examen de la agresividad humana;</li><li>Conclusiones pedagógicas.</li></ul>	p. 31-56
Capítulo 3 – El educando como ser social. Consideración filosófica	<ul><li>Opiniones negativas sobre la sociabilidad humana;</li><li>Doctrina de la naturaliza social del hombre;</li><li>Las relaciones entre individuo y sociedade;</li></ul>	p. 57-70

Capítulo 4 – Las bases antropológicas de la socialidad humana	• El problema del otro; • El reconocimiento del otro; • La tendencia hacia el otro; • La comunicación social.	p. 71-86
Capítulo 5 – La socialización del individuo (Punto de vista sociológico)	• Naturaleza de la socialización; • Efectos de la socialización; • Teorías sobre la socialización; • Discusión de la socialización. Factores que la realizan.	p. 87-106
Capítulo 6 – El desarollo social del niño	• Las primeras relaciones humanas infantiles; • Las relaciones iniciales con otros niños; • El grupo infantil.	p. 107-128
Capítulo 7 – El desarollo social en la adolescencia y en la juventud	• La socialización del adolescente; • El significado socializador de la juventud.	p. 129-146
Capítulo 8 – Las desviaciones de la socialización	• Las desviaciones sociales por causas humanas y psicológicas; • La delincuencia juvenil; • La banda juvenil delincuente.	p. 147-166
Capítulo 9 – La educación social del individuo	• Naturaleza y objeto de la educación social; • Educar para la socialización del individuo; • La educación para las relaciones humanas; • La educación cívica e política.	p. 167-192
Capítulo 10 – Los ideales de la educación social	• Los paradigmas de la educación social; • La educación social según algunas pedagogías y algunos pedagogos; • El ideal democrático; • El ideal humanista: la educación internacional y mundialista; • El ideal emancipador: la educación liberadora.	p. 193-218

Capítulo 11 – Los médios de educación social	• Los médios generales; • Las vivencias sociales de la infancia y adolescencia; • La iniciación en el trabajo; • Técnicas de educación social utilizables en la escuela.	p. 219-248
Capítulo 12 – Los métodos educativos con una base social	• Métodos didácticos socializantes; • El aprendizaje por equipos; • La autogestión escolar; • Las relaciones alumno-maestro;	p. 249-272
Capítulo 13 – La dinâmica de grupos aplicada a la educación	• La dinâmica de grupos y la educación; • La classe como grupo; • Visión pedagógica de la dinâmica interna de la clase; • El liderazgo en la clase: el papel del maestro; • Los problemas de la clase en cuanto grupo.	p. 273-302
Capítulo 14 – Los sistemas pedagógicos inspirados en lo social	• La concepción sociologista de la educación; • La pedagogía marxista; • La pedagogia totalitarista.	p. 303-324

Fonte: Cabanas (1988)

Nas conclusões do capítulo 2, Cabanas elenca o que chamou de conclusões pedagógicas, depois de se debruçar sobre a perspectiva psicológica. Entre elas, destaco a ideia de que a educação social terá uma tarefa dupla: apoiar e desenvolver as tendências sociais do indivíduo, enquanto enfrenta, diminui ou reconverte suas tendências antissociais (p. 51)[53]. Sobre a agressividade, o autor considera o seguinte:

> El tratamento educativo que demos a la agresividad debe partir, naturalmente, de la índole psicológica de ésta. Y aqui viene el problema, porque nos hemos encontrado que sobre la misma se han formulado tres concepciones distintas, las tres muy plausibles, que respectivamente la consideran como un instinto innato, como un comportamiento inducido y aprendido, y como uma reacción derivada de la frustración.

---

[53] TEXTO ORIGINAL: La educación social consistirá, por conseguinte, en una doble tarea: apoyar y desarrollar las tendencias sociales del individuo, al tempo que se procurará también atajar, diminuir o reconvertir sus tendencias anti-sociales.

> Opinamos aquí que las tres concepciones son válidas, pero ninguna lo es exclusivamente; para nosotros las tres teorías son complementarias entre sí, es decir, que los comportamentos agressivos humanos se explican ya por uma, ya por otra, sgún los casos, aparte de que algunos de ellos deberán explicarse por varias de esas teorías a la vez.
> El diagnóstico de un comportamento agresivo deberá ser, por conseguinte, muy cuidadoso... (Cabanas, 1988, p. 52).

No capítulo 3, lemos considerações filosóficas a respeito do educando ser um ser social. Cabanas justifica o uso da filosofia "porque no basta la ciencia. Las cuestiones problemáticas se intentan resolver, de entrada, con métodos objetivos, es decir, científicos; pero si con esto no llegan a solventarse habrá que pasar a la especulación" (p. 57). Com esse princípio, o autor vai discutir a visão de Hobbes e Sartre, para os quais o homem (e a mulher) seriam seres antissociais; aborda também a visão de Rousseau e Durkheim acerca do ser humano ser uma espécie de neutro e a ideia de Aristóteles e Tomás de Aquino para os quais o homem e a mulher seriam seres sociais. Importa aqui a ideia de que são sobretudo indivíduos. Mas têm de se tornar pessoas que é "la síntesis superior de todas nuestras tendencias, sentimentos y pensamientos" (p. 65). A sociedade é, pois, para Cabanas, quem tem o potencial de formar a pessoa.

As bases antropológicas que nos corroboram como seres sociais é o tema do capítulo 4. Para isso o autor vai tratar da importância do outro na filosofia antiga, francesa, alemã e inglesa; da relevância de se reconhecer o outro — a partir de uma experiência imediata e de um outro implícito a nós. Não deixa de tecer comentários sobre os sentimentos e as atitudes nossas em relação aos outros, o que pode gerar simpatia e até amor como mediação nas relações interpessoais. Em todas essas relações a comunicação se faz importante e não fica de fora na reflexão.

O capítulo 5 aborda a socialização do indivíduo do ponto de vista sociológico. Um capítulo importante, levando-se em conta que para Cabanas a educação social trata exatamente da socialização dos indivíduos. Há uma socialização denominada primária que se dá no seio familiar "que inician al niño en las formas elementales del conportamiento social" (p. 90). Há também a socialização secundária que complementa a primária e em outros momentos a corrige essencialmente porque é menos afetiva. Esta é exercida pelos meios de comunicação, pela comunidade, por clube esportivo, pela política, pela igreja (ou alguma outra crença). A socialização terciária é menos comum, mas não menos importante. Trata-se de uma educação de correção, aquela destinada a crianças e jovens que cometem algum ato infracionário do qual "se reincorpora a la sociedad alguien que había tenido una conducta antisocial" (p. 91). Na sequência, Cabanas vai tratar dos efeitos da socialização na personalidade e na configuração do eu; para isso, utiliza-se de teorias sociológicas que dão suporte ao tema.

Os capítulos 6 e 7 podem ser considerados desdobramentos do 5, ou seja, respectivamente, trata do desenvolvimento social da criança, da adolescência e da juventude. Aborda, então, a relação do bebê com a mãe até a atitude do adolescente ante o adulto, passando pela contestação juvenil.

Os desvios da socialização são temas do capítulo 8. Para tratar disso, utiliza-se de dados referentes a furto, roubo, drogas, delitos sexuais, mendicância. Reflete sobre algumas possibilidades para o desencadeamento: insatisfação de necessidades básicas, o ambiente familiar, a falta de integração urbana, o fracasso escolar. Destaca também que a periferia das cidades vem sendo um lugar privilegiado para tais desvios.

O capítulo 9 retoma uma questão central dessa primeira parte da obra em análise: a educação social do indivíduo, entendida por Cabanas como "la ayuda al desarrollo social del individuo, a fin de que éste viva correctamente los aspectos sociales de su vida, tanto a nível interpersonal como a nivel comunitario y cívico y político" (p. 167). A educação social deve proporcionar a consciência do lugar de cada um na sociedade, além do potencial colaborativo ou não na melhoria ou piora da sociedade. O autor faz uma divisão por faixa-etária na qual, por exemplo, até os 11 anos de idade a criança apresenta bondade e amabilidade, enquanto que dos 15 aos 18 o indivíduo está na idade das utopias. A educação social proposta é uma educação para as relações humanas, pois "casi todas las actuaciones humanas, en efecto, implican relaciones con los demás, y su éxito o fracao depende, en buena parte, de como se lleven tales relaciones" (p. 173). A disposição para com os outros, ideologias, manipulações e controle psicológico nessas relações — incluindo as sexuais (com base nas diferenças entre o homem e a mulher) são tratadas de maneira breve. No mesmo capítulo o autor aborda algumas educações: para o civismo, para a política e para uma solidariedade universal. Por fim, como há "indivíduos tan poco civilizados que perturben la paz será necesario ponerse em guardia" (p. 186). Essa é a deixa para a menção a uma pedagogia militar como um recurso didático para a formação moral, "con sus exigencias de subordinación y de obediencia" (p. 187).

Os ideais da educação social são tratados no capítulo 10. São princípios que orientam as diversas visões possíveis na socialização dos indivíduos. O ideal sociológico é a adaptação (ainda que para posteriormente modificar conscientemente as próprias condições de vida). O ideal pedagógico é a formação para a socialização: ideias que comungam com os demais, sentimentos de estima, respeito, compaixão e gratidão; atitudes que desbanquem o egocentrismo, a dominação, o exibicionismo, a indiferença. Outro ideal citado é o transcendente, cuja relação é estreita com a religião ou com a espiritualidade. Ao refletir sobre a educação social a partir de alguns pedagogos Cabanas vai citar Comenio, Pestalozzi, Rousseau, Natorp e Dewey. Mas vai dedicar importante atenção ao que chamou de ideal emancipador. Começa citando Mollenhauer, que considerava a emancipação uma libertação dos condicionamentos que limitavam a racionalidade. A fim de continuar com o tema da libertação, Cabanas chega na *Pedagogia do Oprimido*, de Paulo Freire. Aborda brevemente a educação problematizadora, em oposição à bancária, compreendendo que para Freire a emancipação ou a libertação dar-se-á mediante o diálogo.

No capítulo 11, Cabanas vai tratar dos meios de educação social, ou seja, métodos práticos que viabilizem essa educação. Ele começa citando a vida comunitária como importante agente nessa socialização: a família, a escola, os amigos. Também compreende que a preparação para o trabalho pode ser boa alternativa, inclusive por aliar família, escola e amigos. Mais especificamente na escola poderá ser percebida a cooperação entre estudantes, nela seria possível a incubação de futuros empreendimentos, ao mesmo tempo que o autor vislumbra possibilidades de mutirões para pequenos afazeres (cujo nome dado foi civismo). Tais reflexões podem levar a uma consciência política, a uma educação para a paz, a uma reflexão sobre o meio ambiente.

O capítulo 12 trata dos métodos educativos com uma base social. Pode-se considerar que é uma continuidade do capítulo anterior, porém focando nas metodologias de ensino em escolas, mais particularmente nos professores. A premissa é a de que os estudantes aprendem a partir de diversos estímulos e propõe, entre outras, experiências com projetos e com grupos etários.

A dinâmica de grupos na educação é o tema do capítulo 13. Baseado na psicologia social, o autor vai tratar da natureza, da influência e das aplicações dessa dinâmica na educação. Assim, vai considerar a classe, a sala de aula, como um grupo acerca do qual haverá de se verificar a coesão, a intercomunicação, as normas, os objetivos, a liderança e seus estilos, o professor perante o grupo, a mediação de conflitos e as mudanças de comportamento das pessoas envolvidas.

O último capítulo dessa primeira parte que nos propomos a trazer ao conhecimento dos leitores vai encerrar elencando os sistemas pedagógicos inspirados no social. Todavia, o social como "la idea de que la sociedad tiene una primacía sobre los individuos" (p. 303). Para Cabanas, o sociologismo tem a crença de que o humano está no social — cujos representantes máximos desse pensamento são Durkheim e Natorp. A pedagogia socialista, a seu ver, representaria um ideal mais igualitários entre as pessoas. Um socialismo utópico iniciado em Platão e, bem mais tarde, passará também por Marx. Não fica de fora Skinner, que concebe o comportamento como mero jogo de condicionamento. Há uma retomada do socialismo clássico, representado por Proudhon e até contemporâneo — como o partido dos Panteras Negras e Che Guevara. A pedagogia marxista tem como representante Suchodolski, enquanto na antiga União Soviética sobressaía o nome de Makarenko. O idealismo na pedagogia é ilustrado com Fichte e Hegel.

Como se pôde notar, Cabanas constrói uma obra no início dos anos 1980 com abrangência mundial, basta que se verifique a lista de autores que compõem as referências bibliográficas ao final de cada capítulo.

Reiterando o que está dito no início deste capítulo, o objetivo não era de ser uma aprofundada e pormenorizada análise da obra *Pedagogia Social*, mas um convite à leitura continuada da obra desse autor.

Referências

CABANAS, José Maria Quintana. **Educación Social**: antologia de textos clássicos. Madrid: Narcea, 1994.

CABANAS, José Maria Quintana. **Pedagogía Social**. 2.ed. Madrid: Dykinson, 1988 [3. reimpr. 2000].

CABANAS, José Maria Quintana. **Textos clásicos de pedagogía social**. Valencia: Edicions Culturals Valencianes, 1999.

CARIDE, José Antonio. **La pedagogia social en España**. *In:* NÚÑEZ, Violeta (coord.). La educación en tempos de incertidumbre: las apuestas de la Pedagogía Social. Barcelona: Gedisa, 2002.

CARIDE, José Antonio. **Las fronteras de la Pedagogía Social**: perspectivas científica e histórica. Barcelona: Gedisa, 2005.

ECO, Umberto. **Interpretação e superinterpretação**. 2.ed. São Paulo: Martins Fontes, 2005.

MOLINA, José García. **Dar (la) palabra**: deseo, don y ética en educación social. Barcelona: Gedisa, 2003.

PETRUS, Antonio (coord.). **Pedagogía Social**. Barcelona: Ariel, 1997.

RAGA, Laura García; MATEO, Piedad Sahuquillo. **Fundamentos básicos de Pedagogía Social**. Valencia: Tirant lo Blanch, 2010.

PÉREZ-SERRANO, Gloria. **Pedagogía Social – Educación Social**: construción científica e intervención práctica. 4.ed. Madrid: Narcea, 2010.

TORRANO, Conrad Vilanou. Elogio del professor José María Quintana Cabanas (1930-2013). Su contribución a la historia del pensamiento pedagógico. **História de la educación**, Salamanca/Espanha, v. 33, p. 491-495, 2014. Disponível em: https://revistas.usal.es/index.php/0212-0267/article/view/12768 Acesso em: 12 ago. 2021.

TRAJETÓRIA DAS FONTES

Johann Heinrich Pestalozzi
- Nascimento: 1746, cidade Zurique/CHE, em 12 de janeiro.
- Estudo: 1769, tornou-se especialista nos estudos de Rousseau pela Universidade de Zurique/CHE.
- Trabalho: 1799-1804 no Instituto de Burgdorf, atende pessoas pobres e sistematiza o seu método de educação baseada no desenvolvimento integral.
- Falecimento: 1827, na cidade de Brugg/CHE, em 17 de fevereiro.

Simón Rodríguez
- Nascimento: 1769 ou 1771, em 28 de outubro, em Caracas/VEN.
- Trabalho: 1791, cria uma escola primária em sua própria casa, período em que foi mestre de Simón Bolívar.
- Estudo: 1800-1823, ficou exilado na Europa, viajou por vários países criandos escolas para populações marginalizadas.
- Falecimento: 1854, 28 de fevereiro, em Amotape/PER.

Paul Natorp
- Nascimento: 1854, em 24 de janeiro, em Düsseldorf/DEU.
- Estudo: 1876, Formado pela Universidade de Educação de Estrasburgo/FRA, em filosofia.
- Estudo: 1881, completou Tese sob o neo-kantiano Hermann Cohen.
- Trabalho: 1885/1922, tornou-se professor de filosofia e pedagogia na Universidade de Marburg/DEU.
- Falecimento: 1924, em agosto, em Marburg/DEU.

Gertrud Bäumer
- Nascimento: 1873 em 12 de setembro, Hohenlimburg/DEU.
- Estudo: 1905, Ph.D. em Berlim, sua dissertação foi sobre o Satyron de Goethe.
- Trabalho: 1916/1920, foi responsável pelo Instituto Pedagógico Social com Marie Braun.
- Trabalho: 1917, fundou a Escola Social Feminina e o Instituto Pedagógico Social em Hamburgo/DEU.
- Falecimento: 1954 em 25 de março, Gadderbaum/DEU.

Herman Nohl
- Nascimento: 1879, 7 de outubro, Berlim/DEU.
- Estudo: 1898, estuda História, Literatura Alemã e Filosofia na Universidade de Berlim/DEU.
- Estudo: 1908, obtém o grau de doutor na Universidade de Jena/DEU.
- Trabalho: 1922/1949, professor titular de educação na Universidade de Göttingen/DEU.
- Falecimento: 1960, 26 de setembro, Gottingen/DEU.

Raquel Camaña
- Nascimento: 1883, em Buenos Aires/ARG, em 30 de setembro.
- Estudo: sem data, na Escola Normal Nacional de La Plata/ARG.
- Trabalho: 1910, apresentou sua tese intitulada, A Questão Sexual, que obteve aprovação unânime e recomendação da Society of Public Hygiene para a inclusão da educação sexual nos currículos acadêmicos.
- Falecimento: 1915, em 21 de outubro, em Buenos Aires/ARG.

TRAJETÓRIA DAS FONTES

Anton Makarenko
- Nascimento: 1888, 13 de março, Bielopólie/UKR.
- Estudo: 1914–1917, Universidade Pedagógica Nacional de Poltava.
- Trabalho: 1920-1927, Diretor da colônia Gorki, instituição rural que atendia crianças e jovens órfãos, Antiga União Soviética.
- Falecimento: 1939, 1 de abril, Moscou/RUS.

Lorenzo Luzuriaga
- Nascimento: 1889, 29 de outubro, Valdepeñas/ESP.
- Estudo: 1913-1915, recebeu bolsa para estudar nas Universidades de Marburg, Jena e Berlin/DEU.
- Trabalho: 1939 - Professor da Universidade Nacional de Tucumán e mudou-se para Buenos Aires/ARG.
- Falecimento: 1959, em Buenos Aires/ARG.

Thiago Würth
- Nascimento: 1893, 28 de fevereiro, na Baviera/DEU.
- Estudo: 1909, formando-se em pedagogia, na cidade de Valeciennes/FRA.
- Estudo: 1909 – 1912. Estágio prática de magistério no Rio Grande do Sul/BRA.
- Trabalho: 1926, fundou o Instituto Pestalozzi em Canoas/RS/BRA.
- Falecimento: 1979, março, em Canoas/RS/BRA.

Klaus Mollenhauer
- Nascimento: 1928, 31 de outubro, Berlim/DEU.
- Estudo: 1949, freqüentou a Universidade de Educação de Göttingen/DEU.
- Estudo: 1959, publicou a dissertação "As origens da pedagogia social na sociedade industrial".
- Trabalho: 1965-1996, foi professor nas Universidades de Berlin, Kiel, Frankfurt e Göttingen/DEU.
- Falecimento: 1998, 18 de março, Göttingen/DEU.

José María Quintana Cabanas
- Nascimento: 1930, 21 de fevereiro, Barcelona/ESP.
- Estudo: 1958, Licenciatura em Pedagogia.
- Trabalho: 1965-1987, foi professor na Universidade de Barcelona, na Universidade Autônoma de Barcelona e na Universidade Nacional de Educação a Distância/ESP.
- Falecimento: 2013, 31 de maio, Barcelona/ESP.

José Ortega y Gasset
- Nascimento: 1883, 9 de maio, Madrid/ESP.
- Estudo: 1897, estudou Filosofia e Letras nas Universidades de Deusto e de Madrid/ESP.
- Trabalho: 1909 - foi nomeado catedrático da Escola de Psicologia, Lógica e Ética da Escuela Superior de Magisterio de Madrid; e, também, nomeado como catedrático da Escola de Metafísica da Universidad Central de Madrid/ESP.
- Falecimento: 1955, 18 de outubro, Madrid/ESP.

MAPA DA

LEGENDA DE CORES E ÍCONES

- ★ Nascimento
- 🎓 Estudou
- ✏️ Trabalhou
- ✝ Falecimento

- 🔵 Pestalozzi, Johann Heinrich
- 🔵 Simón Rodríguez
- 🔵 Natorp, Paul Gerhard
- 🟣 Bäumer, Gertrud
- 🟣 Nohl, Herman
- 🌸 Camaña, Raquel
- 🔴 Makarenko, Anton
- 🟠 Luzuriaga, Lorenzo
- 🟡 Würth, Thiago
- 🟢 Mollenhauer, Klaus
- 🟠 Cabanas, José María Quintana
- ⚫ Ortega y Gasset, José

TRAJETÓRIA DAS FONTES

DETALHAMENTO DAS

TRAJETÓRIAS NA EUROPA

SOBRE AS AUTORAS E OS AUTORES

Alex Seixas Eifler
Graduação em Comunicação Social – Jornalismo (2017) pela Universidade Feevale. Integrante do Coletivo de Educação Popular e Pedagogia Social (CEPOPES/UFRGS).
Orcid: 0009-0002-7053-6057

Ana Paula Seger
Graduação em Pedagogia (2007) pela Universidade do Vale do Rio dos Sinos (Unisinos). Educadora Social na Prefeitura Municipal de Novo Hamburgo. Integrante do Coletivo de Educação Popular e Pedagogia Social (CEPOPES/UFRGS).
Orcid: 0009-0005-2458-1289

Danilo R. Streck
Doutor em Educação. Atua como professor titular no Programa de Pós-Graduação em Educação da Universidade de Caxias do Sul. Coordena a Cátedra da Unesco em Educação para a cidadania global e justiça socioambiental.
Orcid: 0000-0001-7410-3174

Érico Ribas Machado
Doutor em Educação pela Universidade de São Paulo (USP). Professor na Universidade Estadual de Ponta Grossa (UEPG). Membro do Núcleo de Estudos, Pesquisas e Extensão em Pedagogia, Pedagogia Social e Educação Social (Nupepes/UEPG).
E-mail: ericormachado@gmail.com
Orcid: 0000-0001-7627-4751

Francisco Jose Del Pozo Serrano
Educador social, professor de Pedagogia Social e investigador do grupo TABA "Inclusión social y Derechos Humanos". Inclusão Social e Direitos Humanos na Universidade Nacional de Educação a Distância

(Uned), Sociedade Ibero-Americana de Pedagogia Social (SIPS) e presidente fundadora da Associação Colombiana de Pedagogia Social e Educação Social (ASOCOPESES).

Orcid: 0000-0001-5098-1407

Henrique Luis Engel

Formado em Filosofia (2014) e Pedagogia (2022) pela UFRGS. Atuou como bolsista do Coletivo de Educação Popular e Pedagogia Social (CEPOPES/UFRGS) de 2018 a 2020. Atualmente é professor no município de Santo Cristo/RS, onde vem desenvolvendo propostas de Educação Ambiental.

Orcid: 0009-0000-0834-3006

Juliana dos Santos Rocha

Doutora e mestra em Educação (PUCRS). Coordenadora Pedagógica de Inovação na Fundação Projeto Pescar e professora da Universidad Internacional Iberoamericana (Unib). Pesquisadora do grupo de pesquisa Coletivo de Educação Popular e Pedagogia Social da Universidade Federal do Rio Grande do Sul (CEPOPES/UFRGS).

E-mail: juliana.rocha.001@acad.pucrs.br.

Orcid: 0000-0001-6923-2107

Karine Santos

Doutora (2015) e mestre (2007) em Educação, graduada em Pedagogia (2004) pelas Universidade do Vale do Rio dos Sinos (Unisinos), docente na área de Educação Social, da Faculdade de Educação da Universidade Federal do Rio Grande do Sul. Coordenadora do Coletivo de Educação Popular e Pedagogia Social (CEPOPES/UFRGS).

Orcid: 0000-0001-5418-2020

Karla Villaseñor Palma

Doctora en Educación y Máster en Investigación en Educación por la Universidad Autónoma de Barcelona (UAB) y Licenciada en Psicología por la Benemérita Universidad Autónoma de Puebla (BUAP). Docente investigadora en Facultad de Filosofía y Letras de la Benemérita Universidad Autónoma de Puebla, México y Profesora Internacional invitada de la Maestría en Pedagogía Social de la Universidad del Norte, Colombia.

Orcid: 0000-0002-9282-4941

Levi Nauter de Mira

Doutor e mestre em Educação (Unisinos), licenciado em letras (Ulbra) e em pedagogia (Uninter). É pesquisador no Coletivo de Educação Popular e Pedagogia Social (CEPOPES/UFRGS) e atua como professor de língua portuguesa nas redes municipais de ensino de Montenegro e Triunfo, Rio Grande do Sul.

Orcid: 0000-0002-6846-8174

Mara Lucia Teixeira Brum

Doutora em Educação pelo PPGE/FaE/UFPel. Pedagoga na Universidade Federal do Rio Grande (FURG). Participa dos seguintes Grupo de Pesquisa FEPráxiS, CEPOPE e Forpratic. Professora colaboradora na Unipampa no curso de Pedagogia a Distância.

Lattes: 7961926859069870

Orcid. 0000-0002-0280-5465

Maria Benites

Psicóloga Social, notório saber em Pedagogia, Psicologia e Pedagogia Social (Alemanha Uni-Siegen, 2002), Coordenadora Científica INEDD (International Education Doctorate) – DAAD/DFG. Pesquisadora da Uni-Siegen, Consultora Programa de Nações Unidas – MinC. Longa experiência em projetos internacionais nas periferias de Alemanha, Brasil, Turquia e Espanha.

María Raquel Schettini Castro

Doctoranda en Educación – Universidad Católica de Córdoba, Argentina (UCC). Magíster en Educación – Universidad Católica Uruguay (UCU). Educadora Social - Consejo de Formaciòn en Educaciòn (CFE) Uruguay. Coordinadora Proyecto de Extensión estudiantes de educación social en privación de libertad para Consejo de Formaciòn en Educaciòn (CFE) Uruguay. Educadora Social en Subdirección Técnica de la Dirección Nacional de Medidas Alternativas (DINAMA) del Instituto Nacional de Rehabilitación (INR). Docente Tecnicatura y Formación Básica de Primera Infancia en Centro de Formación y Estudios (CENFORES) del Instituto Nacional del Adolescente del Uruguay (INAU)

Orcid: 0000-0001-7041-4637

Marilene Alves Lemes

Doutorado (2017) e mestrado (2010) em educação pela Universidade do Vale do Rio dos Sinos (Unisinos). Graduação em pedagogia (1998) pela Universidade Feevale. Educadora social na prefeitura municipal de Novo Hamburgo. Integrante do Coletivo de educação popular e pedagogia social (CEPOPES/UFRGS) e do Grupo de Estudos, Pesquisas e Práticas em Educação Não Escolar na Perspectiva da Educação Integral – Feevale.

Orcid: 0000-0003-0345-3171

Marta de Borba Paulo

Pós-graduação em curso de especialização na Educação pela Pesquisa (2024) pelo Instituto Federal do Rio Grande do Sul (IFSul), campus avançado Novo Hamburgo. Graduação em pedagogia (2001) pela Universidade Feevale. Integrante do Coletivo de educação popular e pedagogia social (CEPOPES/UFRGS).

Orcid: 0009-0000-7847-751X

Orlando de Oliveira Pinheiro

Educador social, pedagogo formado pela Universidade Estadual do Rio Grande do Sul (Uergs), atua como pedagogo na Secretaria de Assistência Social de Novo Hamburg/RS desde 2005 e é integrante do Coletivo de Educação Popular e Pedagogia Social (CEPOPES/UFRGS).

Orcid: 0009-0006-0612-0654

Roberta Soares da Rosa

Doutora em Educação Ambiental (PPGEA/FURG), mestra em Educação (PPGEedu/UNISINOS) e bacharel licenciada em Ciências Biológicas (Unisinos). É professora da rede estadual de educação do Estado do Rio Grande do Sul, pesquisadora do Coletivo de Educação Popular e Pedagogia Social (CEPOPES/UFRGS).

Orcid: 0000-0002-7490-4892

Santiago Pavani Dias

Mestre em Ciências Sociais pela PUCRS, estuda o campo da Educação Social no Brasil e no mundo com base na Teoria do Reconhecimento de Axel Honneth e a Sociologia das Profissões. Possui mais de quinze anos de experiência de trabalho como Educador Social em serviços socioassistenciais. Integra o Coletivo de Educação Popular e Pedagogia Social (CEPOPES/UFRGS).

Orcid: 0000-0002-6986-3520

Suzete Terezinha Orzechowski

Doutora em Educação pela PUCPR, com bolsa sanduíche na Universidade Nacional de Educação a Distância (Uned), Coordenadora do LAPSU (Laboratório de Pedagogia Social da Unicentro), professora no PPGE/UNICENTRO, membro da REPPED e líder do Grupo de pesquisa Educação, Trabalho e Formação de Professores (GETFOP/CNPQ).

Orcid: 0000-0001-8368-0117

Tatiane de Oliveira

Mestre em Diversidade Cultural e Inclusão Social pela Universidade Feevale e licenciada em Educação Física pela mesma instituição. Educadora Social no município de Novo Hamburgo, atuando junto ao Serviço de Medidas Socioeducativa em Meio Aberto.

Orcid: 0000-0001-5441-9390

Telmo Adams

Doutor em Educação, colaborador do Centro Latino-americano em Pesquisa e Educação (PPGE/UCS/RS), da Cátedra Unesco em Educação para a Cidadania Global e Justiça Socioambiental (UCS/Unisinos) e do Grupo de Pesquisa Educação Popular Metodologias Participativas e Estudos Decoloniais do PPGE/Unisc.

Orcid: 0000-0002-8079-1273

Valburga Schmiedt Streck

É doutora em Teologia e atuou como professora e pesquisadora na Escola Superior de Teologia em São Leopoldo e na Universidade do Rio dos Sinos. Foi membro da Comissão de Fé e Constituição do Conselho Mundial de Igrejas e coordenou um mestrado interinstitucional latino-americano em HIV-AIDS.

Orcid: 0000-0001-6632-5930

AS AUTORAS E OS AUTORES DAS ENTRELINHAS

O CEPOPES é feito de gente e aqui nomeamos cada um e cada uma que fez acontecer esse coletivo ao longo dessa jornada.

Alex Seixas Eifler – Jornalista

Ana Luisa Dias Oliveira - Pedagoga

Ana Paula Seger – Educadora Social e Pedagoga

Binô Mauiará Zwetsch – Educador Social, Sociólogo e Mestre em Antropologia

Camila de Souza Alves – Educadora Social e Pedagoga

Cristina Souza – Educadora Social, Psicóloga e Especialista em Educação Social

Eliandro Cantini – Educador Social e Pedagogo

Fernanda Peres Corrêa – Professora da rede pública de ensino e Pedagoga

Fernando Santana – Educador Social e Pedagogo

Gabrieli de Oliveira da Silva – Educadora Social e Pedagoga

Grabriel Barcellos – Educador Social

Graciela Dias Dornelles – Professora da rede pública de ensino e Pedagoga

Henrique Luis Engel – Professor da rede pública de ensino, Pedagogo e Filósofo

Januária Tinoco Struza de Moraes – Educadora Social e estudante de Pedagogia

Juliana dos Santos Rocha – Psicopedagoga, Coordenadora de Inovação e Professora na Universidade Internacional Iberoamericana (Unib)

Júlio Sá – Educador Social

Levi Nauter de Mira – Professor da rede pública de ensino

Lia Andrade – Pedagoga

Luisa Fellin – Estudante de Pedagogia

Maria Luiza Oliveira Golçalves – Pedagoga

Mariana Hennemann – Assistente Social

Marilene Alves Lemes – Educadora Social, Pedagoga e Doutora em Educação

Marta de Borba Paulo – Educadora Social e Pedagoga

Maram Gerard da Silva - Estudante de Pedagogia

Matheus Azevedo Cirino – Professor na rede privada de ensino e Pedagogo

Melissa Lemos de Matos – Professora na rede pública de ensino e Pedagoga

Morghana Vasconcelos – Professora e Mestre em Educação

Orlando de Oliveira Pinheiro – Educador Social e Pedagogo

Priscilla Boschi Bol – Pedagoga

Raíne da Silva de Brito – Pedagoga e Mestranda em Educação

Rândala Maria de Morais Nogueira y Rocha – Educadora Social e Advogada

Roberta Soares da Rosa – Professora da rede estadual de ensino, Bióloga e Doutora em Educação Ambiental

Sabrina Backes – Assistente Social

Santiago Pavani Dias – Educador Social, Sociólogo, Especialista em Educação Social e Mestre em Ciências Sociais

Sarine Schneider – Educadora Social

Tamires Pinto Alves – Educadora Social e Pedagoga

Tatiane Moreira de Vargas – Assistente Social, Pedagoga e Doutora em Serviço Social

Tatiana Faleiro – Educadora Social e Psicopedagoga

Tatiane de Oliveira – Educadora Social, Educadora Física e Mestre em Diversidade Cultural e Inclusão Social

Vitória Rabello López – Pedagoga e Mestre em Intervenção e Investigação Socioeducativa

Wagner Rodrigues de Oliveira – Educador Social, Pedagogo e Professor de Educação Especial